개정판

일본의 민담

日本の昔話

개정판

일본의 민담

日本の昔話

야나기타 구니오 지음
김용의 옮김

전남대학교출판문화원

저자 서문

여러분! 이 일본민담집 속에 여러분들이 전에 한번 정도 들어보신 이야기가 몇 가지 들어있더라도 그것은 조금도 이상한 일이 아닙니다. 왜냐하면 일본의 민담은 옛날부터 대대로 일본의 어린이가 늘 듣고 있던 이야기이기 때문입니다.

이 민담의 대부분은 지금도 일본의 어디선가, 누군가의 가정에서 어린이들이 듣고 있는 이야기입니다. 그렇지만 여러분들이 혼자서 알고 있는 이야기 가지 수는 그다지 많지는 않을 것이라 생각합니다. 그 까닭은 이야기를 들려주는 사람이 바빠져서, 이제 그렇게 한가하게 여러 가지 이야기를 하고 있을 수가 없기 때문입니다. 따라서 혹시 혼자서 이 책에 나온 이야기의 삼분의 일, 아니면 사분의 일만이라도 알고 있는 어린이가 있다고 한다면, 그것은 그 어린이의 가정에 이야기를 아주 좋아하고 잘하며 기억력이 좋은 할머니나 할아버지, 또는 어머니나 언니, 그리고 이모 등 어린이의 마음을 잘 이해하는 사람이 있기 때문일 것입니다. 그와 같은 가정은 옛날부터 그렇게 많지 않았습니다. 다시 한 번 돌이켜 생각해 보고 그분들께 깊이 감사드리는 것이 좋습니다.

다음으로, 이 민담집에 들어있는 이야기와 자신이 기억하고 있는 집에서 들은 이야기가 인명이나 지명, 도구나 조수(鳥獸), 노래나 말, 또는 사물의 전후가 다르다 할지라도 그것은 별로 이상한 일이 아닙니다. 어느 한쪽이 거짓이라고 생각한다든지, 또는 자기 기억이 틀렸다고 생각할 필요가 없습니다. 애초에 민담이라고 하는 것은 불과 몇 사람이서 함께 듣고, 그 가운데서도 한 사람이나 두 사람 정도가 나중에 태어난 사람에게 이야기를 다시 들려줄 수가 있었습니다. 이야기를 지어낼 필요가 조금도 없을뿐더러 자신도 모르게 잘못 이야기해도 그것을 고쳐줄 사람이 없었습니다. 오랜 세월 동안에 마을에 따라, 또는 가정에 따라 조금씩 이야기가 바뀌는 것은 당연한 일입니다. 같은 한 가지 이야기라도, 몇 번씩 반복해서 듣거나 생각해내는 사이에 자연스레 재미있다고 생각되는 부분이 변화하는 것입니다. 그리하여 재미있는 부분만을 특별히 자세히 이야기하게 되고, 나머지 부분은 차츰 없어지거나 빠지거나 틀어지는 것입니다.

나는 일본의 민담을 이 조그마한 책에 모으기 위해서, 조금이라도 이상하고 신기한 이야기를 찾으려고 하지는 않았습니다. 그보다도 될 수 있으면 전국에 있는 많은 어린이들이 들어서 알고 있으리라 생각되는 이야기를 선택했습니다. 적어도 일본국내에서 멀리 떨어진 두세 군데 지역에서 서로 모른 채 이야기하고 있을 법한 민담을 골라보려고 했던 것입니다. 단 그런 몇 가지 이야기들 가운데서 특히 가장 민담다운 것, 즉 오랜 이야기 형태가 조금이라도 많이 남아 있는 것을 찾으려고 했습니다. 그 다음에 새로운 형태의 이야기 가운데서 가장 잘 정리가 되어 있는 것을, 네다섯 가지 그 안에 집어넣었습니다. 이 점이 일본 민담의 두 형태입니다. 아마 누가 보아도 이 오래된 형태와 새로운 형태의 이야기를 바로 구별할 수 있으리라 생각합니다.

내가 무엇보다 유쾌하게 생각하는 점은 옛날부터 세어 보자면 일본 전국에서 몇 억만 명이나 되는 어린이들이 같은 이야기를 들으면서 자라왔다는 점입니다. 그리고 지금도 그 이야기를 알고 있는 사람들이 적지 않다고 하는 점입니다. 이 책을 읽고 있노라면 점점 그 사실을 알 수 있습니다. 또 재미있는 점은 아주 똑같다고 생각한 이야기가 어느 사이엔가 조금은 달라진 점입니다. 어디가 어떻게 다른지는 읽어보면 금방 알 수 있을 것입니다. 왜 이처럼 달라졌는지, 여러분이 어른이 되고 나서 다시 한 번 생각해 보십시오.

1930년 2월

야나기타 구니오

목차

원숭이는 왜 꼬리가 짧은가

옛날 옛날 먼 옛날에 원숭이 꼬리는 서른세 발(尋)이었다고 합니다. 그런데 곰에게 속은 탓에 저처럼 꼬리가 짧아지고 말았습니다. 언젠가 원숭이는 곰의 집을 찾아가서 "어떻게 하면 강에서 물고기를 많이 잡을 수 있지?" 하고 의논했습니다. 그러자 곰이 "오늘밤처럼 추운 밤에 어디 깊은 강 위의 바위에 앉아서, 꼬리를 물속에 담그고 있어 보렴. 분명 여러 물고기들이 와서 달라붙을 테니." 하고 가르쳐주었습니다. 원숭이는 크게 기뻐하며 곰이 가르쳐 준 대로 하고 기다리고 있었습니다.

그러자 밤이 깊어갈수록 원숭이의 꼬리가 점점 무거워졌습니다. 이는 얼음이 얼어붙은 것이었지만, 원숭이는 물고기가 와서 달라붙었다고 생각했습니다. '이제 이 정도 잡았으면 충분해. 물이 너무 차가우니 그만 돌아가야지.'라고 생각하고서, 꼬리를 끌어올리려고 했지만 아무리 잡아당겨도 빠지지 않았습니다. "이거 큰일 났군!" 하고 큰 소란을 피우며 꼬리를 무리하게 당겼더니, 꼬리 밑 부분이 뚝 끊어지고 말았습니다. 원숭이 얼굴이 빨간 것도, 그때 너무 힘을 주어 당겼기 때문이라고 말하는 사람도 있습니다.

_이즈모(出雲)지역

해파리는 뼈가 없다

먼 옛날 용왕님의 왕비가 출산을 앞두고 원숭이의 간이 먹고 싶다면서 진기(珍奇)한 음식을 찾았습니다. 용왕님은 어떡해서든지 왕비의 소원을 들어주고 싶어서, 가신(家臣)인 거북이를 불러서 무언가 좋은 생각이 없느냐고 물어보셨습니다. 거북이는 지혜로운 자로, 곧바로 일본 섬으로 건너와서 어느 해안가의 산에서 놀고 있는 원숭이를 발견했습니다. "원숭이님! 원숭이님! 용궁에 손님으로 가고 싶은 마음이 없나요, 큰 산도 있고 맛있는 음식도 뭐든지 있습니다. 간다면 제가 업고 가드리지요." 하고서 커다란 등을 내보였습니다. 원숭이는 깜빡하고 거북이의 감언이설에 넘어가서, 기뻐하며 용궁 구경에 나섰습니다.

과연 일찍이 원숭이가 들었던 것보다 훨씬 아름다운 궁궐이었습니다. 안쪽 문 입구에 서서 거북이가 안내해 주기를 기다리고 있자, 문지기인 해파리가 원숭이의 얼굴을 보고 웃었습니다. 해파리는 "원숭이는 아무것도 모르는구나. 용왕님의 왕비께서 출산을 앞두고 원숭이의 간이 먹고 싶다고 말씀하셨지. 그래서 너를 손님으로 초대하게 된 것이야."라고 말했습니다. 원숭이는 '이거 큰일 났구나!'라고 생각했지만, 원숭이에게도 지혜가 있었던지라 아무것도 모르는 듯한 얼굴을 하고 있었습니다. 이윽고 거북이가 나와서 "자, 이쪽으로 오시지요."라고 전했습니다.

원숭이는 "거북이님, 제가 터무니없는 실수를 저질렀네요. 이런 날씨라면 가지고 올 것을, 산에 있는 나무에다 간을 걸어두고 말려 놓은 채로 깜박 잊고 왔습니다. 비가 내리기 시작하면 간이 젖을 것을 생각하니 걱정입니다."라고 말했습니다. 거북이는 "무어라고, 당신은 간을 두고 나왔단 말이오? 그렇다면 한번 더 가지러 갈 수밖에 다른 방법이 없겠군." 하고서, 다시 원숭이를 등에 태우고 해안까지 돌아갔습니다. 그러자 원숭이는 급히 서둘러 육지에 올라, 가장 높은 나무 꼭대기로 올라가서 시치미를 떼고 여기저기를 둘러보았습니다. 거북이가 깜짝 놀라서 "원숭이님, 왜 그러세요?"라고 묻자, "바다 속에는 산이 없고 몸을 벗어나 간은 없지." 하고서 웃었습니다.

거북이는 이는 용궁 문에서 원숭이가 기다리고 있는 동안에 수다쟁이 해파리가 무어라고 지껄인 것이 틀림없다고 생각하여, 돌아와서 용왕님께 고하였습니다. 해파리는 무엄한 녀석이 되어, 가죽이 벗겨지고 뼈가 모두 뽑혔습니다. 지금 같은 해파리 모습이 되고 만 것은 다름 아닌 쓸데없는 말을 지껄인 데 대한 벌이라고 합니다.

참새와 딱따구리

먼 옛날에 참새와 딱따구리는 자매지간이었다고 합니다. 부모님이 병환으로 위중하다는 소식이 전해졌을 때, 참새는 마침 이를 검게 칠하고 있는 중이었지만 곧장 날아가서 간호를 했습니다.[1] 그래서 지금도 볼이 지저분하고 부리 위쪽 절반만 하얗다고 합니다. 딱따구리는 입술연지를 바르고 분을 칠하는 등, 느긋하게 멋을 부리고서야 집을 나섰기 때문에 결국 부모님의 임종을 지켜보지 못했습니다. 그래서 참새는 모습이 아름답지 않아도 항상 사람이 사는 곳에 살며 사람이 먹는 곡식을 원하는 만큼 먹을 수 있는데, 딱따구리는 화장을 해서 예쁘기는 할지언정 아침 일찍부터 숲 속을 이리저리 다니며 톡톡 나무의 껍질을 쪼아도 하루에 겨우 벌레 서너 마리밖에 먹을 수 없다고 합니다. 그리고 밤이 되면 나무 구멍에 들어가서 부리가 아파 운다고 합니다.

_쓰가루(津輕)지역

1 일본에는 '오하구로(御齒黑)'라고 하여 이를 검게 물들이는 풍습이 있었다. 원래는 상류층의 부인들 사이에서 시작되었지만 헤이안(平安)시대 중기부터 후기 무렵에는 귀족 남자들도 오하구로를 하였다. 나중에는 민간인들 사이에서도 유행하였다.

비둘기의 효행

먼 옛날에 비둘기는 마음이 몹시 삐뚤어져서 부모님의 말씀을 조금도 듣지 않는 아이였다고 합니다. 부모님이 산으로 가라 하면 논으로 가고, 논으로 가라 하면 밭에 나가 일했습니다. 부모님은 돌아가실 때에 조용한 산에 묻히고 싶었습니다만, 그렇게 말하면 또 반대로 할 것이라고 생각해 일부러 강가에 묻어달라고 부탁하고 죽었습니다.

하지만 비둘기는 부모님이 돌아가시고 나서야 비로소 부모님의 말씀을 듣지 않은 것이 나쁜 짓이라는 것을 깨달았습니다. 그래서 이번에는 부모님의 말씀대로 강가에 부모님의 묘를 만들었습니다. 그렇지만 강가에서 강물이 넘칠 때에 묘가 떠내려갈 것만 같아 걱정이 돼서 견딜 수가 없었습니다. 그 때문에 지금도 비가 오려 하면, 이 일이 생각나 슬퍼져서 부모님이 그립다며 우는 것이라 합니다. 조금만 더 일찍부터 부모님의 말씀을 들었더라면 좋았을 것입니다.

_노토(能登)지역

두견새 형제

옛날 옛날에 두견새에게는 아주 친절하고 착한 동생이 있었다고 합니다. 매년 오월이 되면 산에 올라가 마를 많이 캐와서 찐 다음에 가장 맛있는 부분을 형에게 주었습니다. 그런데 형은 오히려 그것을 의심해서, '동생이 자기 혼자서 더 맛있는 마를 먹고 있을 거야.'라고 생각했습니다.

마침내 분한 마음에 식칼을 가져와서 그 상냥한 동생을 죽이고야 말았습니다. 그런 다음 동생의 배를 갈라봤더니, 뱃속에서 '아와타'라는 줄기만 많은 마가 나왔습니다. "아이쿠, 이런 몹쓸 짓을 저질렀구나." 하며 뉘우치고 슬퍼하는 동안에 결국 형은 두견새가 되고 말았다고 합니다. 그래서 지금도 마를 캐는 시기가 되면, 두견새가 여기저기를 울면서 날아다닙니다.

우는 소리를 잘 들어보면,

동생아 그립구나
캐다가 쪄서 먹자
동생아 그립구나
마를 캐서 먹자[1]

하고 운다는 것입니다.

__엣추(越中)지역

1 '두견새'는 일본어로 '호토토기스(ほととぎす)'이고, '동생'은 일본어로 '오토토(おとうと)'이다. 이 노래는 두 단어의 발음이 비슷한 점을 이용하여 두견새의 유래에 대해 전하고 있다.

두견새와 때까치

옛날 옛날에 두견새는 구두를 만드는 장인(匠人)이었다는 이야기도 있습니다. 때까치는 그 무렵에 마부였다고 합니다. 마부인 때까치는 매번 두견새에게 말굽을 만들어 달라고 부탁했지만, 그 값을 조금도 지불하지 않았습니다. 두견새는 그것을 잊지 않고 언제까지고 "말굽값은 어찌 된 거야?"라고 운답니다. 그러면 때까치는 면목이 없어서 두견새가 나와 울 때가 되면 어디론가 숨어서 전혀 얼굴을 내보이지 않았습니다. 그리고 갖가지 벌레를 나뭇가지에 꽂아놓아, 두견새의 기분을 풀어주려 한답니다.

_기슈(紀州)지역 나가군(那賀郡)

그런데 또 이런 이야기도 있어서 어느 쪽이 정말인지는 잘 모르겠습니다. 옛날에 때까치는 술을 좋아하여, 두견새가 맡긴 돈으로 불단의 불상을 사온다는 약속을 했으면서도 그 돈으로 술을 마시고 말았습니다. 그래서 매년 그때가 되면 두견새가 "불상은 사왔니?"라고 우는데, 그것은 재촉하는 소리라고 합니다. 때까치는 그 말을 들으면 난처했기에 될 수 있으면 밖에 나오지 않으려고 했습니다. 때까치의 얼굴이 붉은 것은 술을 마셨기 때문이라고들 합니다만, 어쩌면 쑥스럽기 때문인지도 모르겠습니다.

__엣추(越中)지역 아리타군(有田郡)

올빼미 염색공

옛날 옛날에 올빼미는 옷감을 물들이는 염색공으로, 많은 새들의 부탁을 받고 다양한 의상을 염색해 주는 장사를 했다고 합니다. 그 무렵 까마귀는 대단한 멋쟁이로, 항상 새하얀 옷을 입고 날아다녔습니다. 그 까마귀가 염색공인 올빼미를 찾아와, 아무쪼록 내 의상을 세상에 둘도 없는 색으로 염색해 달라고 주문했습니다. 올빼미는 그 주문을 받아들여서 숯같이 아주 새까만 색으로 염색해, 이것이 세상에 둘도 없는 색이라고 말했습니다. 까마귀는 매우 화를 냈지만, 이미 어떻게 할 수도 없었습니다. 그렇지만 그때의 원한을 잊지 않고 올빼미의 얼굴만 봐도 화를 내고 괴롭혔습니다. 그 때문에 올빼미는 지금도 숲 속에 숨어서 까마귀가 일어나 있을 때에는 결코 밖에 나오지 않습니다. 그뿐만 아니라 이따금 있는 곳을 까마귀에게 들키기라도 하면 심한 봉변을 당합니다.

__리쿠추(陸中)지역 이와테군(岩手郡)

매미와 대사님

옛날에 고보(弘法)대사[1]가 거지처럼 더러운 옷을 입고 여러 지역의 시골을 돌아다니고 있었을 때에, 어떤 마을의 농부 집에 들어가서 하룻밤 재워달라고 청했습니다. 농부는 대사의 옷차림이 너무나 허름했으므로, 매정하게 거절하고 돌려보내 버렸습니다. 그리고 나중에야 비로소 그 사람이 고보대사라는 것을 알았습니다. 그래서 서둘러 느티나무 위에 올라가 큰소리로 "고보대사님! 고보대사님!" 하고 불렀습니다. 그렇지만 고보대사는 이미 멀리 가버려 듯해서 돌아올 수 없었습니다. 농부가 언제까지고 온힘을 다해 고보대사를 부르고 있는 동안에 마침내 지바히메(ちばひめ)라는 매미가 되었다고 합니다. 지금도 칠월 이십삼일이 되면 큰 느티나무에 이 매미들이 모여서 큰 소리로 우는 이유는 이 날이 고보대사가 하룻밤 묵을 곳을 청하기 위해 돌아다닌 날이기 때문일 것이라고 말합니다.

__히타치(常陸)지역

1 헤이안(平安)시대 초기의 승려인 구카이(空海)의 시호이다. 고보대사는 일본불교에서 진언종(眞言宗)의 개조(開祖)이다. 일본 각지에 고보대사에 관한 전설이나 민담이 매우 폭넓게 전승되고 있다. 예를 들면 널리 알려진 이야기로 〈고보 밤(弘法栗)〉, 〈고보와 옷(弘法と衣)〉, 〈고보 물(弘法水)〉 등이 있다.

굴뚝새도 매의 무리

먼 옛날에 많은 매가 모여서 술잔치를 벌이고 있는 곳에 작은 굴뚝새가 와서, 나도 무리에 끼워달라고 했다고 합니다. 매들은 굴뚝새를 놀리면서 "여기 끼고 싶으면 멧돼지를 잡아오렴. 멧돼지를 잡아온다면 술잔치에 끼워주지."라고 말했습니다. 그러자 굴뚝새는 곧장 날아가서 숲 속에서 자고 있는 멧돼지의 귓속으로 날아들었습니다. 멧돼지는 깜짝 놀라 뛰기 시작했습니다. 그렇지만 작은 굴뚝새가 귓속에서 날아다니므로, 괴로워 견딜 수가 없어 어쩔 줄 모르고 미쳐 날뛰었습니다. 결국 바위 모서리에 머리를 부딪쳐서 죽고 말았습니다. 그러자 굴뚝새는 크게 뽐내며 돌아와서, 매의 무리와 어울려 술을 마셨다고 합니다.

이 때 뿔매라고 부르는 큰 매가 지지 않을 생각으로 날아갔더니, 멧돼지 두 마리가 나란히 뛰고 있었습니다. 멧돼지를 한꺼번에 모두 잡을 심산으로 왼쪽과 오른쪽 다리를 각각 걸쳤습니다. 멧돼지가 양쪽으로 도망쳤기 때문에 욕심 많은 뿔매의 다리가 찢어지고 말았다는 이야기도 있습니다.

_하리마(播磨)지역

너구리와 우렁이

옛날 옛날에 너구리가 우렁이에게 권해서 둘이서 이세 신궁(伊勢神宮)[1]으로 참배를 갔다고 합니다. 여행이 끝나는 날이 되어 우렁이가 너구리에게 "너구리님 어때? 그저 이렇게 걷고 있자니 따분하잖아. 여기부터 이세 신궁까지 둘이서 경주해 보지 않겠는가?" 라고 말했습니다. 너구리도 찬성하여 달릴 준비를 하고 있었더니, 우렁이가 재빨리 고동 뚜껑을 열고 너구리의 꼬리 끝에 꼭 달라붙었습니다. 따라서 우렁이는 조금도 힘들이지 않고서 너구리와 같이 뛰어갈 수 있었습니다. 드디어 이세 신궁의 도리이(鳥居) 옆까지 도착하자, 너구리는 기뻐서 굵은 꼬리를 흔들었습니다. 그러자 꼬리가 돌담의 돌에 부딪쳐서 우렁이의 고동이 반쯤 부서지고, 우렁이는 땅 위에 굴러 떨어졌습니다. 교활한 우렁이는 허세 부리기를 좋아했으므로, 아픈 것을 참고서 너구리에게 이렇게 말했다고 합니다. "이봐, 너구리 친구! 늦었지 않는가. 나는 먼저 여기 도착해서, 지금 어깨를 빼고 쉬고 있는 중이야."

_기슈(紀州)지역

1 미에현(三重縣) 이세시(伊勢市)에 있는 신사이다. 일본천황가의 조상신을 모신 신사로, 이곳으로 참배하러 가는 것을 '이세마이리(伊勢参り)'라고 한다.

오소리와 원숭이와 수달

옛날 옛날에 오소리, 원숭이, 그리고 수달이 셋이서 함께 야히코 신사(彌彦神社)[1]에 참배하러 간 적이 있었습니다. 가는 길에 셋이서 물건을 주웠습니다. 주운 물건은 돗자리 한 장, 소금 한 가마니, 콩 한 되였습니다. 이것을 어떤 식으로 나누면 좋을지, 좀처럼 의견이 모아지지 않았다고 합니다. 그러던 중에 영리한 오소리가 이렇게 말했습니다. "원숭이는 이 돗자리를 가지고서 산에서 나무 위에 올라가 펼쳐 놓고 사방을 둘러본다면 좋지 않을까. 수달은 이 소금을 어딘가 물고기가 있을 것 같은 연못에 가지고 가서 뿌린 다음, 떠오른 고기를 잡는다면 좋지 않을까. 나는 남은 콩을 가져가도록 하겠다."라고 말했습니다. 그러자 나머지 둘은 무심코 동의하고 말았습니다.

원숭이는 기뻐하며 나무 위에 돗자리를 가지고 가서 깔고 구경을 하려고 했습니다. 그러자 곧바로 미끄러져 나무에서 떨어졌습니다. 그래서 발을 삐고 말았습니다. 수달은 연못을 발견하고 소금 한 가마니를 뿌려놓은 다음에 물속으로 들어갔습니다. 그러자 소

---

1 '이야히코 신사'라고도 부른다. 니가타현(新潟縣) 야히코촌(彌彦村)에 위치한 신사이다. 신사의 제신은 아마노가구야마노 미코토(天香具山命)이다.

금물이 눈에 스며들어 눈이 새빨갛게 충혈이 되고 말았습니다. "이거 뜻하지 않은 일을 당하고 말았네. 이는 전부 교활한 오소리 때문이야." 하고 둘이서 불평을 늘어놓기 위해 오소리의 집으로 갔습니다.

그 사이에 오소리는 콩 한 되를 맛있게 먹고 아내 오소리와 둘이서 콩 껍질을 털 사이에 끼워놓은 다음 신음하는 흉내를 냈습니다. "우리도 콩을 먹었더니 몸 전체에 종기가 나서 괴롭다 괴로워." 라고 말했습니다. 원숭이와 수달은 또 속고서 "그럼, 피차일반이니 어쩔 수 없군." 하고서 돌아갔다고 합니다.

__에치고(越後)지역

원숭이와 고양이와 쥐

옛날 옛날 어느 곳에 할아버지와 할머니가 살았습니다. 할머니가 정성껏 무명을 짜면 할아버지가 무명을 보자기에 싸서 여기저기 도회지로 팔러 다녔습니다. 어느 날 할아버지가 무명을 팔러 갔다가 혼자서 산길로 걸어 돌아오는데, 멀리 보이는 건너편 산의 나무에 커다란 암컷 원숭이가 보였습니다. 마침 사냥꾼이 총으로 원숭이를 쏘려 하고 있었습니다. 암컷 원숭이는 손을 모으고 용서해달라는 모습을 하고 절을 하고 있었습니다. 할아버지는 원숭이가 불쌍하다는 생각이 들어 사냥꾼을 말리려고 그에게 다가갔습니다. 그러자 엉겁결에 총알이 빗나가 할아버지의 어깨 앞쪽을 맞혔습니다. 사냥꾼은 엄청난 일을 저질렀다고 생각하고서 달아나 버렸습니다.

그런데 어디에선가 많은 새끼 원숭이들이 나타나서, 할아버지를 정성껏 간호를 해 주었습니다. 그런 다음 원숭이의 집으로 데리고 가서 맛있는 음식을 대접했다고 합니다. 할아버지가 "할머니가 걱정하고 있을 테니 이제 그만 돌아가야겠다."라고 말하자, 원숭이들은 답례로 보물을 주면서 "이것은 '원숭이의 돈 한 닢'이라고 하는 것으로 세상에서 아주 귀중한 보물입니다만, 생명의 은인에게 드리겠습니다. 이것을 모셔 놓으면 부자가 될 것입니다."라고 했습니다.

정말 원숭이가 말 한 그대로였습니다. 할아버지가 집에 돌아가니 할머니는 연말인데 무명도 팔지 않고 그냥 돌아왔다고 펄펄 뛰며 노여워하였습니다. 그렇지만 '원숭이의 돈 한 닢' 덕택에 얼마 가지 않아 부자가 되었습니다. 할아버지 집 근처에 나쁜 사람이 살았는데 갑자기 할아버지와 할머니가 부자가 된 연유를 듣고서는 몰래 그 보물을 훔쳐갔습니다.

할아버지 할머니는 깜짝 놀라서 사방으로 찾아보았지만, 아무리 찾아보아도 있는 곳을 알 수 없었습니다. 그래서 집에서 기르는 다마(玉)라고 부르는 고양이를 불러서 "다마야, '원숭이의 돈 한 닢'을 사흘 안에 찾아오너라. 찾아온다면 상을 주마. 찾아오지 못한다면 이거다." 하고서, 번쩍이는 단도를 꺼내 보여주었습니다. 고양이는 이 말을 듣고서 바로 뛰어 나가, 쥐 한 마리를 붙잡아서 부탁하였습니다. "쥐야, 우리 집 할아버지의 보물이 없어졌단다. 사흘 안에 찾아오도록 해라. 찾아온다면 살려주겠다. 만약 찾지 못한다면 꼬리까지 먹어버리겠다."고 말했습니다. 쥐는 잡아먹히면 큰일이므로 사흘 동안에 근처의 집들을 돌아다니면서 '원숭이의 돈 한 닢'을 찾았습니다.

마침내 이웃집 나쁜 사람의 집 장롱 속에 들어 있는 것을 발견하고, 서랍을 갉아 보물을 꺼내 와서 다마에게 건네주었습니다. 다마는 기뻐하며 보물을 입에 물고 할아버지에게 건넸습니다. 할아버지도 할머니도, 고양이와 쥐도 함께 모두 크게 기뻐하며, 모두모두 언제까지고 번창했습니다. 경사 났네! 경사 났어!

_이나바(因幡)지역

원숭이와 두꺼비의 떡 다툼

옛날 어느 산속에서 원숭이와 두꺼비가 만났다고 합니다. 마침 설도 다가와서, 마을 여기저기에서 힘차게 떡을 찧는 절구소리가 들렸습니다. "두꺼비야, 저 떡을 한 절구 훔쳐 먹을 수는 없을까?" 라고 원숭이가 말했습니다. 그래서 둘이 산속에서 의논을 한 다음, 슬슬 마을로 내려갔습니다. 먼저 원숭이가 쇼야(庄屋)[1] 집의 뒷문에 와서 숨자, 이어서 두꺼비가 몰래 들어와서 뜰에 있는 연못 속으로 풍덩 큰 소리를 내며 뛰어들었습니다. 떡을 찧고 있던 젊은 사람들은 그 소리를 듣고 "이거 큰일이다. 도련님이 연못에 빠진 모양이야." 하며 절구도 떡도 내버려두고서 모두 물가로 달려갔습니다. 그 틈에 원숭이는 감쪽같이 떡 절구를 안고 산 위까지 운반해왔습니다. 두꺼비도 그 뒤를 따라 어슬렁어슬렁 돌아왔습니다.

원숭이가 "두꺼비야, 너와 둘이서 나누어 먹기보다 차라리 절구째 여기서 굴려서, 빨리 쫓아간 쪽이 통째로 먹기로 하면 어떨까?" 라고 말했습니다. 두꺼비는 걸음이 느리므로 손해라고는 생각했지만, 그래도 승낙하고 "하나, 둘, 셋!" 하는 고함과 동시에 떡 절구를

1 에도(江戸)시대에 영주(領主)가 촌민 중에서 명망 있는 사람에게 명하여, 한 촌(村) 혹은 여러 촌의 납세와 그 밖의 사무를 통괄하도록 했던 촌락의 대표자이다.

데굴데굴 골짜기 밑으로 굴려서 떨어뜨렸습니다. 발이 빠른 원숭이는 곧장 그 뒤를 따라 뛰어갔습니다. 두꺼비는 걸음이 느리므로 어쩔 수 없이 느릿느릿 내려갔지만, 운이 좋아서인지 어느 순간 떡이 절구에서 빠져나와, 길가의 싸리나무 가지에 축 걸려 있었습니다. 두꺼비는 "이거 웬 떡이냐!" 하고서 재빨리 그 떡 옆에 주저앉아 혼자서 천천히 먹고 있었습니다.

그러자 빈 절구를 쫓아 헛수고를 한 원숭이가 실망하여 다시 올라왔습니다. "두꺼비야, 두꺼비야. 이쪽부터 먼저 먹는 건 어떨까?" 하고, 먹는 모습을 구경하던 원숭이가 말했습니다. "뭐라고, 이건 내 떡이야. 내가 좋아하는 쪽부터 먹을 거야."라고 두꺼비가 대답했습니다.

_에치고(越後)지역

원숭이 데릴사위

옛날 옛날에 어느 마을에 사는 노인이 혼자서 산에 있는 밭에 나가 일하고 있었습니다. 밭이 넓어서 너무 힘들었으므로 "아, 원숭이라도 좋으니 와서 도와주면 세 딸 중 한 명은 아내로 줄 텐데…."라고 중얼거렸습니다. 그러자 원숭이 한 마리가 불쑥 나타나서, 부지런히 밭일을 도와주었습니다. '이거 난처한 약속을 했군.'이라 생각하며 집에 돌아와서 세 딸과 의논하였습니다.

그러자 첫째 딸도 둘째 딸도 원숭이에게 시집갈 수는 없다며 화를 냈습니다. 막내딸만이 마음씨가 고와서 "아버지가 약속하셨으니 어쩔 수 없지요. 제가 갈게요. 혼례를 위해 바느질 바늘을 많이 넣은 항아리 한 개를 준비해 주십시오."라고 말했습니다. 다음날 아침에 원숭이가 신랑 옷을 차려입고 약속대로 신부를 데리러 왔습니다. 신부의 짐은 항아리와 바늘로, 이것을 원숭이 신랑이 등에 짊어지고 둘은 사이좋게 이야기하면서 원숭이가 사는 산을 향해 갔습니다. 산기슭에는 깊은 골짜기에 물이 흐르고 좁은 외나무다리가 걸려 있었습니다. 그 다리를 건너려는 때에 원숭이 신랑이 신부에게 말을 걸었습니다. "남자아이가 태어난다면 이름을 뭐로 지을까? 원숭이의 자식이니 사루사와(猿澤)라고 지읍시다. 여자아

이가 생기면 이름을 뭐로 지을까? 이 골짜기는 등나무 꽃이 아름다우니 오후지(お藤)라 지읍시다." 그렇게 말하며 다리를 건너는 동안에 다리가 좁아서 잠깐 손이 부딪히자, 원숭이 신랑은 골짜기로 떨어졌습니다. 그리하여 바느질 바늘을 넣은 항아리를 짊어진 채로 물에 떠내려갔습니다.

그 때 원숭이 신랑이 울면서 이런 노래를 읊었다는 것으로, 오늘날까지도 그 노래가 남아 있습니다.

사루사와(猿澤)야, 사루사와(猿澤)야.

오후지(お藤)의 어머니가 우는구나. 가엾어라.

__비추(備中)지역

산신의 화살통

옛날 어느 곳에 비파법사(琵琶法師)[1]가 살고 있었습니다. 비파를 등에 짊어지고 홀로 여행을 하던 중에, 산속에서 길을 잘못 들어 헤매다가 날이 저물고 말았습니다. 어쩔 수 없이 커다란 나무 그늘에 비파를 내려놓고, 거기서 하룻밤을 묵을 생각으로 나무를 향해 이렇게 말했습니다. "산신령님! 제가 길을 잃었는데 밤이 되어버렸으니 오늘밤만 여기서 묵겠습니다. 그래서 말인데 듣기 괴로우시더라도 자토(座頭)[2]된 자의 예의로서 비파를 한 곡 들려드리겠습니다." 하고서, 비파를 꺼내 헤이케 모노가타리(平家物語)[3]의 한 구절을 읊었습니다.

그러자 높은 곳에서 "참으로 재미있구나. 한 곡 더 들려다오." 하

---

1 삭발한 맹인으로 비파(琵琶)·샤미센(三味線)을 타거나 안마·찜질 등을 업으로 삼던 사람을 가리킨다. '자토(座頭)'라는 말은 비파법사(琵琶法師)의 별칭이다. 일본의 남북조(南北朝)시대에 성립한 헤이쿄쿠(平曲, 비파를 연주하며 『헤이케 모노가타리(平家物語)』를 이야기하는 것)를 읊었던 비파법사들의 조직(座)에 겐교(檢校), 벳토(別當), 고토(勾當), 자토(座頭)라는 네 계급이 있었는데, 이 중에서 자토가 비파법사의 별칭으로 사용되었다. 이들이 무언가 주술적 능력을 지니고 있었음을 시사하는 전설이 일본 각지에 전해지고 있다.

2 앞의 역주를 참조.

3 '다이라(平)'집안의 영화와 그 몰락을 그린 군기(軍記)소설이다. 13세기에 성립하였으며 작자는 미상이다. 불교의 인과응보와 무상관을 기조로 하고 있으며 후대의 문학에 많은 영향을 끼쳤다.

는 목소리가 들려왔습니다. 신기하게 생각하면서도 산신이 바라는 대로 같은 헤이케 모노가타리의 다른 구절을 또 읊었습니다. 그러자 이번엔 "참으로 고맙구나. 아마도 고단할 테지." 하는 목소리가 들렸습니다. 그리고 잠시 후에 누군지 모를 발소리가 들리더니, 갖가지 음식이 놓인 상을 들고나와 비파법사에게 권했습니다. 이번에도 거듭 놀랐지만, 원래가 천진한 사람인 데다가 배도 고팠기 때문에 맘껏 먹고 나서는 나무를 향해 깊이 감사를 드리고 그 날 밤은 잠들었습니다.

다음날 아침이 되자 한 사냥꾼이 나타났습니다. "당신을 마을 있는 곳까지 안내하라는 분부를 받고 왔소. 이 화살통을 꽉 붙잡고 내 뒤를 따라 오시오." 하고는, 두꺼운 모피로 만든 통 같은 것을 앞을 못 보는 비파법사의 손에 쥐어 주었습니다. 비파법사는 크게 기뻐하며 옷을 챙겨 입고 필사적으로 화살통 끝을 붙잡고 점점 산을 내려왔습니다. 이윽고 계곡 물소리도 커지고, 먼 곳에서 개나 닭 우는 소리가 들려와 마을이 가까워졌음을 알 수 있었습니다.

그 동안에 많은 마을 아이들이 산으로 들어오는 말소리가 들렸습니다. 그 중 한 명이 갑자기 큰 소리로, "저! 저! 저기를 봐! 장님이 이리 꼬리를 잡고 산에서 내려온다." 하고 소리쳤습니다. 이제까지 길을 안내하던 사냥꾼은 이 말을 듣자마자 서둘러서 화살통을 떼 놓고 원래 왔던 길로 달아났습니다. 나중에 들으니 사냥꾼인줄 알고 있던 사람은 실은 이리였던 것입니다.

그 다음에 비파법사는 풀 베는 남자에게 부탁해서 먼저 그 마을 촌장의 집으로 찾아갔습니다. 그리고 어제부터의 일을 자세히 말하자, 촌장은 손뼉을 치면서 "옳거니, 이제야 알았습니다. 실은 어젯밤에 갑자기 내 자식 놈이 이상한 말을 하는 겁니다. '나는 이 산의 산신령이다. 오늘밤은 귀한 손님이 오셨으니 진수성찬을 차려 산으로 가져와서 큰 나무 아래서 쉬고 있는 사람에게 바쳐라. 만약 늦게 가져오면 이 아이의 목숨을 가져가 버리겠다.' 하고 날뛰어서 온 집안사람들이 걱정하다가 어쨌든 급히 상을 차려 산에 가져다 놓았던 것입니다. 그렇다면 산신령님의 손님이란 당신이었습니까? 비파 솜씨가 아주 뛰어나실 것 같군요." 하면서 이 비파법사를 매우 존경했다고 합니다.

독수리의 알

옛날 어느 마을에 나이가 든 농부가 살았는데, 그에게는 아름다운 딸이 하나 있었습니다. 모내기철에 못자리를 둘러보고 있는데, 뱀이 작은 개구리를 쫓아다니면서 못자리를 망치고 있었습니다. 농부가 "뱀아! 그렇게 쫓아다니지 마라. 내 외동딸을 너에게 줄 테니까." 하고 말했습니다. 그러자 뱀은 쫓던 것을 멈추고 얌전히 돌아갔습니다.

그리고 그날 밤부터 딸의 방으로 젊고 멋지게 생긴 신랑이 밤늦게 와서 아침 일찍 돌아가는 일이 생겼습니다. 노인은 그 사람이 누구인지 알 수가 없어서 걱정하고 있었는데, 어느 날 처음 보는 점쟁이 한 사람이 집 앞을 지나가기에 그를 불러들여 점을 쳤습니다. 점쟁이는 "당신 딸은 사람이 아닌 신랑을 얻어서 사람이 아닌 아이를 가졌기 때문에 곧 죽을지도 모릅니다. 하지만 구할 수 있는 방법이 단 하나 있습니다. 뒷산 큰 나무 위에 독수리가 둥지를 틀고 지금 알 세 개를 낳았는데, 신랑에게 부탁해서 그 알을 가져오도록 하여 먹여보면 괜찮을 것이다."라고 했습니다.

그래서 그 날 밤에 찾아온 신랑에게 딸이 독수리 알이 먹고 싶다는 말을 하자, 신랑은 흔쾌히 승낙하고는 알을 가지러 나무 위로 올라갔는데, 그때는 원래의 모습인 뱀으로 돌아가 있었다고 합니다. 그리고 알 두 개를 입에 물고 와서 세 개째를 가지러 올라갔을 때, 어미 독수리가 그 큰 뱀을 쪼아 죽여 버렸습니다.

노인이 집에 돌아와 보니 그 점쟁이가 다시 와 있다가 이야기를 듣고는 "그렇다면 이제 따님은 살았습니다. 앞으로 삼월 삼일 삼짇날에는 술에 복숭아꽃을 띄워서 마시게 하십시오. 그러면 마침내 건강해질 겁니다. 저는 당신이 생명을 구해주었던 작은 개구리로, 그 은혜를 갚는 것입니다." 하고서, 개구리는 팔짝팔짝 뛰어서 어디론가 사라져 버렸습니다. 그래서 그 이후로 삼월 삼일이면 사람들이 복숭아술을 마시게 되었다고 합니다.

__히젠(肥前)지역 기시마군(杵島郡)

고사이 스님과 바다거북

옛날에 비고(備後)[1]지역에 미타니지(三谷寺)라는 큰 절이 있었습니다. 처음 이 절을 지을 때에 불상이나 법당에 칠할 황금이 없었습니다. 그래서 고사이 스님(弘濟和尙)이 그 지역 사람들의 부탁으로 수많은 지역 특산물을 배에 싣고 교토(京都)로 올라가, 그것을 황금으로 교환하였습니다. 그 일이 끝난 후 지금의 오사카(大阪)항에 해당하는 나니와즈(難波津)에 와서 배를 타고 돌아가려고 했습니다. 그 때 부근 어부들이 큰 바다거북 네 마리를 잡아와서 죽이려 하는 광경을 보았습니다. 고사이 스님은 이를 매우 불쌍히 여겨, 바다사람들에게 돈을 주고 바다거북을 사들여 네 마리 모두 바다로 살려 보냈습니다.

그러고 나서 이윽고 배가 출발하여 비젠(備前)[2]지역에 있는 호네시마(骨島)라는 섬 부근까지 왔습니다. 해가 저물 무렵이 되자 해적선이 나타났습니다. 처음에 해적들은 고사이 스님이 탄 배로 뛰어들어, 먼저 하인 둘을 붙잡아 바다로 내던졌습니다. 다음에 고사이 스님을 향해 "너도 바다로 뛰어들어라. 들어가지 않으면 던

1 일본의 옛 지명이다. 지금의 히로시마현(廣島縣) 동부지역이다.

2 일본의 옛 지명이다. 지금의 오카야마현(岡山縣) 동남부지역이다.

져 버리겠다."라고 했습니다. 여러모로 조용히 사정해 보았지만 해적들이 들어주지 않았습니다. 고사이 스님이 할 수 없이 스스로 바다에 뛰어들자, 해적들은 황금을 실은 배를 저어서 어디론가 가 버렸습니다.

고사이 스님은 바다로 뛰어 들었지만, 수심이 얕은 곳에 발을 딛을 수 있는 바위 같은 것이 있어서 가라앉지 않았습니다. 하룻밤을 지내고 나서 자세히 살펴보니, 바위라고 생각했던 것은 바다거북의 등딱지였고, 어느 새 비젠(備前)지역과 비추(備中)[3]지역을 지나서 고향인 비고(備後)지역에 있는 항구 부근까지 와 있었다고 합니다. 마을에 돌아가서 신기하게 목숨을 건진 이 이야기를 하자, 누구 하나 은혜를 갚으려는 거북이의 깊은 마음에 감동하지 않는 사람이 없었습니다.

그로부터 얼마 지나서, 이 마을에 큰절이 세워진다는 이야기를 듣고 황금을 팔려고 온 사람들이 있었습니다. 고사이 스님이 서둘러 나와 보니, 황금을 가지고 온 상인의 무리 중에 예전에 보았던 해적이 여섯 명이나 섞여 있는 것이었습니다. 해적들은 스님의 얼굴을 보고서 놀랍고도 두려워 잠자코 고개를 푹 숙인 채 새파랗게 질려 떨고 있었습니다. 고사이 스님도 그것을 잘 알고 있었지만, 그 일에 대해서 한 마디도 하지 않은 채, 값을 치르고 황금을 샀습니다. 악인들은 그 대금을 받고, 무어라 말할 수 없는 얼굴을 하고 잠자코 돌아갔다고 합니다.

3 일본의 옛 지명이다. 지금의 오카야마현 서부지역이다.

사루마사무네 명검

옛날에 규슈(九州)에 사는 어느 영주(領主)의 파발꾼 두 명이 에도(江戶)로 가는 중요한 편지를 갖고 도카이도 가도(東海道街道)[1]를 여행하고 있었습니다. 아직 이른 새벽에 오키쓰(興津)에 있는 숙소를 출발해서, 사쓰타(薩埵)고개라고 부르는 가파른 비탈길을 해안 쪽에서 올라가려고 할 때, 무심코 해변 쪽을 보았습니다.

그러자 드물게 큰 문어 한 마리가 나와서 다리로 무언가를 감아서 바다 속으로 끌고 들어가려 하고 있었습니다. 자세히 보니, 그것은 원숭이였습니다. 원숭이는 바위 귀퉁이를 단단히 붙잡고 끌려 들어가지 않으려고 힘껏 저항하고 있었지만 문어가 힘이 더 세 보였습니다. 두 사람은 원숭이를 도와주기 위해 작은 돌 따위를 던져서 문어를 위협했습니다. 그렇지만 문어는 아무렇지도 않은 듯 좀처럼 감은 다리를 풀려고 하지 않았습니다. 그래서 두 사람은 고개 입구의 길가에 짐을 두고 해변으로 달려가서 차고 있던 작은 칼을 뽑아서 문어를 베려 했습니다. 이윽고 문어는 감았던 다리를 풀고 물속으로 스르르 들어갔습니다.

1 도카이도(東海道)는 에도(江戶)에 있는 니혼바시(日本橋)에서 사방으로 바다를 끼고 있는 여러 지역을 거쳐 교토(京都)로 올라가는 가도를 가리킨다. 에도시대에는 이 가도 사이를 따라서 역참이 53개소 설치되어 있었다.

그런데 그 원숭이는 목숨을 건져 기쁘기 그지없다는 표정으로 그곳을 벗어나서 두 사람의 은인이 서있는 곁으로 다가오는 듯하더니 어찌 된 셈인지 갑자기 길옆에 놓아두었던 편지가 든 상자를 짊어지고 산 위로 달아났습니다. 그 상자 안에는 아주 중요한 편지가 들어 있었습니다. 산에는 그 고갯길 이외에 달리 올라갈 길이 없었습니다. 그 길을 힘들게 올라가 걱정스레 원숭이 뒤를 쫓아가 보았지만, 이미 어디로 갔는지 원숭이의 모습은 그림자조차 보이지 않았습니다. 귀중한 편지상자가 없는데 여행을 계속할 수도 없어서 "이거 어처구니가 없는 일이 벌어졌군." 하면서, 두 사람 모두 너무 난처해서 멍하니 고개 중턱에서 쉬고 있었습니다.

그러자 얼마 지나지 않아, 그 원숭이가 까마득히 먼 맞은편 산 위에 다시 모습을 드러냈습니다. 두 사람이 "저런! 저런!" 하면서 보고 있노라니 원숭이가 한손에는 편지상자를 높이 치켜들고, 다른 한손에는 거적으로 길게 싼 꾸러미 같은 것을 들고 있었습니다. 두 사람이 이를 이상하게 생각하고 있는 동안에 원숭이는 점점 두 사람이 있는 쪽으로 다가오더니 양손에 든 물건을 그들 앞에 내려놓았습니다. 두 사람은 우선 무엇보다도 귀중한 편지상자가 무사히 돌아왔으므로 크게 안심하고, 또 다른 물건은 무엇일까 궁금하여 살펴보려고 하자 원숭이는 돌아갔습니다. 두 사람은 비로소 이 물건을 답례로 주려고 했던 원숭이가 두 사람을 잠시 기다리게 하려고 편지상자를 감추었다는 사실을 깨달았습니다.

그래서 그 거적 꾸러미가 무언지 열어보니, 그 안에는 흰 나무 칼집에 칼 한 자루가 들어있었습니다. 에도(江戶)에 도착해서 나중에 그 칼을 그 방면의 전문가에게 감정을 부탁했더니, 그것은 의

심할 여지없이 고로 마사무네(五郎正宗)[2]의 명작이었다고 합니다. 칼을 갈아보았더니 흠이 한 군데도 없이 매우 훌륭한 고도(古刀)였기 때문에 이 칼을 주인나리에게 바치기로 했습니다. 주인나리는 칼의 크기도 모양도 마음에 꼭 들고 마침 그 무렵에 이런 칼을 갖고 싶었기 때문에 두 사람의 파발꾼에게 큰 상을 내렸습니다. 그 명도(名刀)에는 사루마사무네(猿正宗)라는 이름을 붙이고, 오랫동안 가보 중의 하나로 귀중하게 여겼다고 합니다. 경사 났네! 경사 났어!

2 가마쿠라(鎌倉)시대 후기의 도공(刀工)인 오카자키 마사무네(岡崎正宗)를 가리킨다. 고로(五郎)는 그의 이름이다.

봄의 들길에서

옛날 옛날에 어느 곳에 가난한 할아버지가 한 사람 살고 있었습니다. 매일 매일 일을 해서 겨우 생계를 이어갈 수 있었습니다. '오늘은 음력 사월 팔일이니 하루 정도는 집에서 느긋하게 쉬어야겠다.'고 생각했지만, 또 일이 생겨 밖에 나갈 수밖에 없게 되었습니다. 모처럼 사두었던 술 한 되를 술병 째 손에 들고, 도중에라도 마실 요량으로 혼자서 집을 나섰습니다.

날씨도 맑고 화창해서 들과 산에는 갖가지 꽃이 다투어 피어 있었습니다. 넓은 들판에 이르러 날씨도 좋을 뿐 아니라 피곤하기도 해서, 이 근처에서 한잔할까 싶어 적당한 바위 위에 걸터앉았더니, 발밑에 해골이 하나 뒹굴고 있었습니다. 할아버지는 "이거 잘됐구나. 누구의 뼈인지는 모르겠지만 마침 잘됐다. 난 혼자서 마시는 걸 싫어하니, 그대도 한잔하며 이 경치를 보며 함께 즐깁시다." 하며, 잔이 넘치도록 술을 한잔 따라 그 해골에 부었습니다. 그리고 즐겁게 노래를 부르며 잠시 쉬고 나서 그곳을 떠났습니다.

그런데 이 할아버지가 할 일을 마치고서, 그날 저녁 무렵에 이전의 들판을 지나 돌아올 때, 뒤에서 "할아버지 잠시 기다려 주세요." 하고 부르는 소리가 났습니다. 뒤를 돌아보자 열일곱이나 열

여덟 살쯤 되어 보이는 아름다운 여인이 있었다고 합니다. "오늘은 할아버지 덕분에 정말 기뻤습니다. 감사의 말씀을 드리고자 돌아오시기를 기다리고 있었습니다. 저는 삼 년 전, 이 달 스무 여드렛날에 이 들판을 지나다 갑작스런 병으로 죽었습니다. 부모님은 지금도 저를 방방곡곡 찾아다니고 있습니다만, 인연이 닿지 않아 아직 저를 발견하지 못했고 어제까지 저는 참으로 쓸쓸하게 지냈습니다. 스무여드레인 제 제삿날에는 무슨 일이 있어도 반드시 다시 한 번 여기 오셔서, 저와 함께 부모님의 집에 가 주십시오"라고 말했다고 합니다.

드디어 스무여드레가 되어, 약속대로 할아버지가 아침에 들판에 와보니 아름다운 여인이 나와 기다리고 있었습니다. 그러고 나서 함께 들판 옆에 있는 마을로 들어갔습니다. 여인의 집은 커다랗게 지은 저택으로, 많은 마을 사람들이 오늘 있을 제사 때문에 모여 있었습니다. 할아버지가 자신은 도저히 이 안으로 들어가지 못하겠다고 하자, 여인은 그렇다면 자기 옷에 붙어서 들어가면 된다고 하여, 두 사람은 아무에게도 들키지 않고 쉽게 집안으로 들어가 불단(佛壇)[1] 사이에 앉았습니다.

좌석에는 제대로 격식을 갖춘 상이 나왔는데, 상에는 국도 있고 술도 있었습니다. 할아버지는 술을 좋아했으므로 여인이 권하는 대로 술을 마시고 여러 가지 좋아하는 안주를 집어먹었습니다. 좌석에 앉아 있던 스님과 친척 손님들은 저도 모르는 사이에 자신들의 상에 차려진 음식과 술이 없어지므로 서로 이상한 일이라고 이

1 여기서 불단은 일본의 집안에 불상이나 위패를 안치해 놓은 단을 가리킨다. 일본어로 '부쓰단'이라고 한다.

야기하고 있었습니다.

그러는 동안에 상을 치울 때가 되어 상을 치우다가 어린 하녀 한 명이 접시를 떨어뜨려 깼습니다. 집주인은 소중한 접시를 깨뜨렸다고 잔소리를 심하게 했습니다. 유령 여인은 그 모습을 보고 할아버지에게 속삭이며 "저는 저런 광경을 보는 게 싫으니 이제 그만 돌아가겠습니다."라고 했습니다. 할아버지가 "그렇다면 자신도 가겠다."라고 하자, 여인은 "할아버지는 괜찮으니 여기에 계십시오."라고 말하고서 혼자 어딘가로 사라져 버렸습니다.

여인이 사라지자 곧 할아버지의 모습이 모두의 눈앞에 드러났습니다. 모두들 할아버지에게 "당신은 누구이고, 어디에서 왔으며, 왜 이 자리에 와 있습니까?"라고 물었습니다. 더 이상 숨을 수 없었기에 지금까지의 일을 남김없이 이야기하자, 친척들은 모두 깜짝 놀라고 주인 부부는 울었습니다. "그렇다면 곧장 딸이 있는 들판으로 우리들을 안내해 주시오."라며 간절히 부탁했습니다.

그래서 할아버지가 앞장을 서고, 부모를 비롯한 일가족과 스님까지 모두 함께 유골을 찾으러 가서 다시 한 번 장례식을 치렀습니다. 이후 할아버지도 고생스러운 일을 그만두고, 이 집 사람들의 온정으로 일생을 안락하게 보낼 수 있었다고 합니다.

__리쿠추(陸中)지역 가미헤이군(上閉伊郡)

황금 맷돌

옛날 옛날에 오슈(奧州)[1]지역에 있는 미조로가 늪(みぞろが沼)의 한쪽 편에 농사꾼 형제가 살고 있었습니다. 형은 조금 바보스럽고 동생은 꽤 교활한 남자였습니다. 그래서 동생은 형을 매일매일 늪가로 보내 풀만 베도록 했습니다. 그러던 어느 날 늪에서 아름다운 여인이 손에 편지 한 통을 들고 와서, 형에게 부디 이 편지를 오코마가 산(御駒が岳)의 산기슭에 있는 하치로가 늪(八郎が沼)까지 갖다 달라고 부탁했습니다. "하치로가 늪에 가거든 늪가에 서서 손뼉을 치십시오. 그러면 물속에서 젊은 여자가 나올 테니, 그 사람에게 이 편지를 전하시면 됩니다."라고 말했습니다.

남자는 부탁을 받고 아무런 의심도 없이 곧장 편지를 갖고 하치로가 늪으로 갔습니다. 그리고 가르쳐준 대로 손뼉을 치자, 과연 늪에서 아름다운 여자가 나타나 편지를 받아들고 읽었습니다. 읽고 나서 "미조로가 늪에 사는 언니가 항상 당신 신세를 지고 있다고 하는군요. 이 편지에 쓰여 있는 물건을 금방 가지고 올 테니 잠시 기다리세요." 하고서는 늪으로 돌아가, 작은 돌로 만든 맷돌을

1 일본의 옛 지명이다. 지금의 후쿠시마현(福島縣), 미야기현(宮城縣), 이와테현(岩手縣), 아오모리현(青森縣)과 아키타현(秋田縣)의 일부가 이에 해당된다.

손에 들고 다시 왔습니다. "이것은 세상에 둘도 없는 보물입니다만, 언니의 분부이니 당신에게 드리겠습니다. 이 작은 맷돌에 쌀 한 톨을 넣고 돌리면 황금으로 된 쌀이 한 톨 나옵니다. 단, 돌아가시거든 마당 한 귀퉁이에 작더라도 연못을 하나 파서, 아침저녁으로 그 연못에서 물을 길어 이 맷돌에 올리세요." 이렇게 말한 후 맷돌을 남자에게 전하고서 다시 원래의 늪으로 들어갔습니다.

형은 맷돌을 가지고 집에 돌아와 매일 한 톨 씩 맷돌로 황금을 만들어 썼기 때문에 편하게 지낼 수 있었습니다. 동생은 형이 요즈음 풀을 베러 가지도 않고, 편하게 사는 것을 이상하게 여겨 형네 집을 살짝 엿보았더니, 형이 기묘한 맷돌을 돌리고 있었습니다. 그래서 형이 집을 비웠을 때, 형네 집에 몰래 가서는 불단(佛壇) 구석에 놓인 맷돌을 찾아 꺼냈습니다. 그리고 쌀 한 톨을 넣어 돌려보았습니다. 그러자 바로 황금 쌀이 나오는 것을 보고 몹시 놀랐습니다. 그러나 동생은 욕심이 많았기 때문에 그것만으로 끝낼 수가 없었습니다. 한꺼번에 많은 황금을 가지고자 하는 욕심에 밥그릇에 하나 가득 담은 쌀을 집어넣고서 맷돌을 돌려보았습니다. 그러자 맷돌은 데굴데굴 굴러 점점 밖으로 나가더니, 마당 한구석에 파 두었던 작은 연못 속으로 굴러 들어가, 결국 보이지 않게 되었다고 합니다.

_리쿠추(陸中)지역 에사시군(江刺郡)

코흘리개 동자님

옛날 옛날에 히고(肥後)[1]지역에 있는 마유미 마을(眞弓の里)이라는 깊은 산촌에 한 노인이 살고 있었습니다. 날마다 산에 들어가 땔감을 베어 그것을 읍내로 가지고 나가 근근이 살아가고 있었습니다. 어느 날 아무리 해도 땔감이 팔리지 않자, 읍내 한가운데를 흐르는 강에 놓인 다리를 몇 번이나 건너서 읍내를 돌아다녔지만, 땔감을 사는 사람이 한 명도 없었습니다. 결국 지쳐서 그 다리 중간쯤에 와서 쉬었습니다. 그러다가 땔감을 한 묶음씩 다리 위에서 강 속으로 던져 넣은 다음, 용신(龍神)에게 절을 하고 돌아가려고 했습니다.

그러자 갑자기 강 깊은 곳에서 지금까지 본적도 없을 정도로 젊고 아름다운 여인이 나와 노인을 불러 세웠습니다. 그 여자는 팔에 아주 작은, 정말 작은 아이를 한 명 안고 있었습니다. "노인께서 정직하고 매일 열심히 일하며, 오늘도 땔감을 갖고 와서 바친 것을 용신님이 매우 기뻐하고 계시오. 그 상으로 이 아이를 맡기셨으니 데려가시오. 이 아이는 코흘리개 동자라고 하며, 노인이 바라는 것은 무엇이든 들어줄 것이오. 그 대신에 매일 세 번씩, 반드시

[1] 일본의 옛 지명이다. 지금의 구마모토현(熊本縣)이 이에 해당한다.

새우 회를 준비해서 바쳐야 하오."라고 말하고, 여자는 그 아이를 노인에게 건네고 다시 물속으로 돌아갔습니다.

노인은 대단히 기뻐하며 코흘리개 동자를 안고서 마유미 마을로 돌아와, 가미다나(神棚)[2] 옆에 작은 코흘리개 동자를 모시고 소중히 돌봤습니다. 쌀이든 용돈이든 무엇이든 갖고 싶은 것이 있을 때 코흘리개 동자에게 부탁하면, 코흘리개 동자는 바로 흥 하고 코를 푸는 듯한 소리를 내고, 그것들을 노인의 눈앞에 내놓았습니다. 노인이 "이 집은 너무 지저분해졌습니다. 더 크고 새로운 집을 내주세요."라고 부탁하자, 집 같은 것도 단 한 번의 코푸는 소리에 나왔습니다. 그것도 생각했던 것보다도 훨씬 아름답고 훌륭한 집이었습니다. 창고와 살림살이들도 계속 나와, 불과 한 달 정도 사이에 할아버지는 사람들이 몰라볼 정도로 큰 부자가 되었습니다. 더 이상 산에 땔감을 베러 갈 필요가 없었습니다. 노인이 하는 일은 매일 읍내에 나가서 회를 만들 새우를 사 오는 것뿐이었습니다.

그런데 점점 세월이 지나감에 따라, 그 단 한 가지 일마저도 조금 귀찮아졌습니다. 그래서 결국에는 코흘리개 동자를 가미다나에서 끌어내리고, 노인은 이렇게 말했습니다. "코흘리개 동자님! 나는 더 이상 당신에게 어떤 것도 바라는 것이 없으니, 부디 용궁으로 돌아가 주십시오. 그리고 용신님께 잘 말해 주십시오." 동자는 그 말을 듣고 말없이 밖으로 나갔습니다. 그러고 나서 잠깐 동안

---

2 집안의 선반 위에 신부(神符)를 모셔놓은 공간을 말한다. 원래 일본의 이세 신궁(伊勢神宮)에서 배포한, 일본어로 '다이마(大麻)'라 부르는 신부(神符)를 모셔둔 것이 기원이라고 한다.

집 밖에서 훌쩍 코를 들이마시는 소리가 나더니, 그 사이에 점점 집도 창고도 그 안에 있던 물건들도 하나씩 사라져, 나중에는 단지 이전의 오막살이집만 남았습니다. 노인은 "이거 큰일이군." 하고, 급히 코흘리개 동자를 말리려고 뛰쳐나갔지만 이미 어디에도 그 모습이 보이지 않았다고 합니다.

__히고(肥後)지역 다마나군(玉名郡)

마쓰코의 이세 신궁 참배

옛날에 이세 신궁(伊勢神宮)[1]으로, 데와(出羽)[2]지역의 기타아키타(北秋田)에 있는 돗코(獨鈷)라는 마을에 사는 사람이라며, 젊은 남자와 여자가 둘이 함께 참배를 하러 왔습니다. 여자의 이름은 마쓰코(松子)로, 시골 사람치고는 드물게 우아하고 아름다운 여자였습니다. 이 두 사람이 여비가 모자라서 몹시 곤란해 하는 모습을 보고, 여관 주인이 그들을 딱하게 여겨 "그러면 내년에 누군가 당신이 사는 마을의 사람들이 신궁에 참배하러 올 때, 맡겨서 돌려주십시오." 하고, 필요한 만큼의 돈을 빌려 주었습니다. 그런데 그 다음해에 돗코(獨鈷)마을 사람들이 많이 왔기에 그 돈을 가지고 왔느냐고 물었더니, "우리 마을에는 마쓰코라는 그런 미인은 없다."고 하므로, 손님이나 여관 주인 모두 "이게 어찌된 영문인가." 하고 놀랐습니다.

그 후에 사람들이 이세 신궁을 참배하고 마을로 돌아가서 마을 사람들에게 이 이야기를 하자, "아, 이제 알겠다. 마을의 스와 신

1 미에현(三重縣) 이세시(伊勢市)에 있는 신사이다. 일본천황가의 조상신을 모신 신사로, 이곳으로 참배하러 가는 것을 '이세마이리(伊勢參り)'라고 한다.

2 일본의 옛 지명이다. 지금의 야마가타현(山形縣)과 아키타현(秋田縣)의 대부분 지역이다.

사(諏訪神社) 숲에 있는 높은 소나무 위에 삼 년 전부터 저처럼 하양게 보이는 것은 아무래도 이세 신궁의 부적인 것 같다." 하면서, 한번 내려 보자고 해서 소나무에 올라가 그 하얀 것을 확인해보니, 과연 그것은 이세 신궁에서 파는 부적이었습니다. 그렇다면 이 소나무 두 그루가 사람의 모습으로 변해 이세 신궁을 참배한 것이 분명했습니다. 마을 사람들은 '빨리 그 빌린 돈을 돌려주는 것이 좋겠다.'고 생각하여, 마을에서 돈을 거두어 바로 이세 신궁에 있는 여관으로 보냈다고 합니다. 그런 연유로 그 소나무 중 한쪽이 여자이고, 이름이 마쓰코였다는 사실을 이때부터 알았습니다.

_우고(羽後)지역 기타아키타군(北秋田郡)

물거미

옛날에 오슈(奧州)[1]지역의 한다(半田)산에 있는 늪에서 여름 무렵에 어떤 사람이 낚시를 하고 있었습니다. 이상하게도 그 날은 물고기가 많이 잡혀서 순식간에 바구니가 가득 찼습니다. 굉장히 더운 날이었기 때문에 그 사람은 신발을 벗고 발을 늪에 담그고 있었습니다.

그 때 어디서 나왔는지 물거미 한 마리가 물 위를 달려와서, 그 사람의 엄지발가락에 거미줄을 쳐놓고 갔습니다. 그러고 나서 얼마 되지 않아 또 와서는 같은 자리에 거미줄을 쳤기 때문에, 이를 이상하게 생각하여 거미줄을 슬쩍 발가락에서 떼어내 옆에 있던 큰 버드나무 그루터기에 감아두었습니다.

그러자 곧 늪 속에서 "지로(次郎)도 다로(太郎)도 모두 나오거라." 하고 외치는 목소리가 들렸습니다. 그 소리를 듣고 놀라서 보니, 바구니에 담긴 물고기들이 모두 한꺼번에 뛰쳐나와 달아나 버렸습니다.

그러는 사이에 늪에서는 많은 사람들의 목소리로 "영차, 영차."

1 일본의 옛 지명이다. 지금의 후쿠시마현(福島縣), 미야기현(宮城縣), 이와테현(岩手縣), 아오모리현(青森縣)과 아키타현(秋田縣)의 일부가 이에 해당된다.

하는 구령소리와 함께 그 거미줄을 잡아당기기 시작하더니, 그 사람이 보고 있는 앞에서 커다란 나무 밑동이 우지끈 하고 뿌리째 뽑혔습니다. 그 뒤로 지금껏, 누구 하나 이 늪으로 낚시하러 오는 사람이 없다고 합니다.

__이와시로(岩代)지역 다테군(伊達郡)

우두머리 자라

서양 사람들이 말을 하지 않는 사람을 가리켜 물고기처럼 입을 다물고 있다고 하는데, 일본에서는 물고기가 말하는 것을 들은 사람이 더러 있었습니다. 그리고 자라도 말을 하는 경우가 있다는 이야기가 전해집니다.

옛날 미노(美濃)[1]지역의 오가키(大垣)라는 곳에서 동쪽으로 일 리(里) 정도 떨어진 나카쓰(中津)라는 마을에서 어떤 오래된 연못의 물을 치면서 엄청나게 큰 자라를 잡은 적이 있었습니다. 그 자라를 잡은 사람이 자라를 어깨에 짊어지고 오가키 읍내에 있는 생선가게에 팔러 갔습니다. 그런데 가는 도중에 또 다른 큰 연못의 둑길을 지나가려는데, 연못 속에서 "이보게, 어디 가나?" 하고 부르는 목소리가 들렸습니다. 그러자 등에 짊어진 바구니 속에서 "오늘은 오가키에 간다네." 하고 대답하는 소리가 들렸습니다. 이 소리를 듣고 깜짝 놀랐는데, 조금 지나서 연못 속에서 또 같은 목소리로 "언제 돌아오나?"라고 물었습니다. 이번에도 바구니에 든 자라는 "언제까지 있겠는가, 내일이면 바로 돌아 올 거라네."라고 귓전에서 큰 소리로 외치는 것이었습니다.

1 일본의 옛 지명이다. 지금의 기후현(岐阜縣) 남부지역이다.

그 사람은 이런 것이 바로 연못의 터줏대감일 것이라 짐작했지만, 이 남자도 꽤나 뚝심 있는 사람이었기 때문에 여기서 마음이 약해져서는 큰일이라고 생각하여 특히 바구니 뚜껑을 꽉 누르고 신경 쓰면서 밧줄로 단단히 묶어서 생선가게로 가져가 좋은 값으로 팔아버렸습니다. 남자는 "자라가 자기 말로 내일이면 돌아온다고 했으니, 그리 쉽게 죽을 리는 없을 것이다. 어떻게 되었는지 확인해 볼까?"라고 생각하고서, 우선 자라를 팔고 받은 돈을 근처에 있는 여러 절에 바치고서 독경을 해달라고 청했습니다. 그리고 본인은 오늘부터 살아있는 것을 잡아다 파는 장사를 그만둘 결심을 했습니다.

그 다음날 우연히 근처를 지나가는 척을 하고 어제 자라를 팔았던 생선가게에 들러 보았더니, 주인 쪽에서 먼저 말을 걸어와 "그 자라는 굉장한 녀석이오. 칼 없이는 사람도 부술 수 없는 어항 속에서 어떻게 빠져나갔는지 사라져버렸소."라며 놀라워했다고 합니다. 그 자라는 아마도 우두머리 자라였을 것이라는 이야기입니다.

_미노(美濃)지역

물을 보낼까

옛날에 오와리(尾張)[1]지역에 있는 이호리(井堀)라는 마을에 한가을 무렵 매일같이 비만 내렸습니다. 마을 사람들은 기소 강(木曾川)의 물이 점점 불어나 둑이 무너지지 않을까 걱정이 되어, 밤에 자지 않고 감시했습니다.

어느 날 한밤중에 강 맞은편 미노(美濃)[2]지역에 있는 이키 산(伊木山) 아래의 연못 주위에서 자꾸 "물을 보낼까? 보낼까?"[3] 하고 외치는 소리가 났습니다. 마을 사람들은 모두 그저 이상하게 생각할 뿐, 어찌할 바를 모르고 서로 얼굴만 쳐다보고 있었습니다. 그런데 언제까지나 그 "보낼까?" 하는 소리가 그치지 않아서, 나중에는 두려운 마음이 든 나머지 인부 중 한 사람이 무의식중에 큰 목소리로 "보내려면 보내!" 하고 말해 버렸습니다. 그러자 갑자기 큰물이 우르르 밀려와, 보고 있는 사이에 그 부근의 논이 전부 물에 잠겨 버렸다고 합니다.

그래서 지금도 그 당시의 홍수를 가리켜, 야로카 물이라 부르고

---

1 일본의 옛 지명이다. 지금의 아이치현(愛知縣) 서부지역이다.

2 일본의 옛 지명이다. 지금의 기후현(岐阜縣) 남부지역이다.

3 이 이야기의 제목인 '물을 보낼까(やろか水)'에서 '야로카(やろか)'는 '보낼까', '줄까'라는 의미이다.

있습니다. 지금으로부터 250년 정도 전인 1687년(貞享 4년)에 일어났던 일이라고 하는 사람이 있습니다. 이 큰 강 부근에는 이외에도 이와 비슷한 이야기가 여러 마을에 전해지고 있다고 합니다.

__오와리(尾張)지역 단바군(丹羽郡)

고생 연못

옛날에 히고(肥後)[1]지역에 있는 하치만(八幡)마을 사람들이 신사 근처에 있는 오래된 연못의 물을 퍼내어 물고기를 잡으려고 한 적이 있었습니다. 팔월 초하루에 있었던 일이라 합니다. 아침부터 마을 사람들이 빠짐없이 모두 모여서 부지런히 물을 퍼 올렸습니다. 그렇지만 아무리 퍼내도 연못이 마르지 않았습니다. 그러는 사이에 저녁이 되어 이제 거의 바닥이 드러났다고 생각하고 있을 때, 느닷없이 낯선 사람 한 명이 연못 속에서 나왔습니다. 그리고 꾸벅 절을 하며 "여러분 고생하십니다."라고 말하는가 싶더니, 갑자기 어딘가로 사라져 버렸습니다. 그리고 연못의 물이 이내 다시 원래대로 연못 가득 채워졌다고 합니다. 그 다음부터 그 연못을 '고생 연못'이라 부르고, 누구도 물고기를 잡으려고 하는 사람이 없게 되었습니다.

_히고(肥後)지역 다마나군(玉名郡)

1 일본의 옛 지명이다. 지금의 구마모토현(熊本縣)이 이에 해당한다.

메라지역의 품질 좋은 옻

옛날에 휴가(日向)[1]지역에 있는 메라(米良)라는 산골마을에 안자에몬(安左衛門)과 주베에(十兵衛)라는 형제가 살고 있었습니다. 둘은 함께 메라의 산속으로 들어가, 산에서 나는 옻을 채취해서 생활하고 있었습니다. 어느 날 형인 안자에몬은 산에 가는 길에 들고 있던 낫을 계곡의 연못에 떨어뜨렸습니다. 형은 수영에 자신이 있었으므로 즉시 옷을 벗고 물에 뛰어들었습니다. 점점 더 깊은 곳으로 들어가 보니, 놀랍게도 계곡 밑바닥이 온통 옻이었습니다. 오랜 옛날부터 이 산 저 산에서 옻나무 수액이 비에 떠내려 와 쌓였던 것을 지금까지 아무도 알지 못했던 것입니다. 안자에몬은 "이는 다시 얻기 힘든 행운이다."라고 생각하고 혼자 기뻐하며, 매일 그곳에 가 조금씩 옻을 가지고 나왔습니다. 그리고 이것을 좋은 값에 팔아 점점 돈을 마련하였습니다.

이웃 사람들은 '어디에서 저렇게 질이 좋은 옻을 구해 오는가?' 하고 이상하게 생각하지 않는 사람이 없었습니다. 그 중에서도 동생인 주베에는 이 무렵에 형이 자신과 동행하지 않고 항상 몰래 숨기듯이 나가는 것에 신경이 쓰였습니다. 그래서 궁리를 하여 슬

1 일본의 옛 지명이다. 지금의 미야자키현(宮崎縣)이다.

쩍 뒤를 밟던 중에 마침내 그 비밀을 알게 되었습니다. 그리하여 자신도 그 연못 밑바닥에 들어가 옻을 채취해서 팔았습니다.

형인 안자에몬은 '이거 곤란한 일이 생겼구나.' 생각하고서, 어떻게든 동생이 옻을 가져가지 못하게 하여 언제까지나 자기 혼자서만 가져가고 싶어서, 이런저런 궁리를 한 끝에, 읍내에 사는 조각사에게 부탁하여 나무로 만든 큰 용을 정성껏 만들게 하였습니다. 뿔과 비늘에는 빨갛고 파란 물감을 칠하고 금과 은으로 눈을 그리게 하여 마치 살아있는 용처럼 만들도록 했습니다. 이것을 아무도 모르게 계곡물이 합류하는 곳으로 가지고 가서 물이 흐르면 자연스럽게 움직이도록 장치해 두었습니다. 동생 주베에는 이 사실을 전혀 알지 못한 채, 다음날에도 이곳으로 와서 옷을 벗고 들어갔습니다. 그러자 보기만 해도 무서운 용이 물밑에서 눈을 드러내고 노려보고 있었기 때문에, 가까이 가지도 못하고 허둥지둥 도망쳐 돌아갔습니다.

형은 멀리서 이 모습을 보고서, 이제부터는 자기 혼자서 마음대로 옻을 가져오게 되었다고 기쁨에 넘쳐 물속으로 들어가 보았습니다. 그러자 분명히 읍내의 조각사에게 주문하여 나무로 조각하게 한 용이었는데, 어느 사이엔가 혼이 들어가 정말로 움직이며 돌아다니고 있었습니다. 그래서 안자에몬이 옻을 가지러 가려고 하면, 지금이라도 한입에 삼킬 듯한 기세로 큰 입을 벌리고 다가오는 것이었습니다. 안자에몬은 그럴 리가 없다고 생각하고서 몇 번이고 가보았지만, 아무리 해도 두려워서 그 곁에 갈 수가 없었습니다. 연못 아래에는 아직 많은 옻이 있는데도 끝내 그것을 가지고 나올 수 없었습니다. '이렇게 될 줄 알았으면 처음부터 사이 좋게 매일 형제가 같이 갖고 오는 편이 좋았을 걸.' 하고 깊이 후회를 하였다고 합니다.

게 연못과 야스나가히메 아씨

옛날 옛날에 오키노시마(隱岐島) 섬[1]에 있는 모토야(元屋)라는 마을에 나이 든 나무꾼이 한 명 살았습니다. 어느 날 야스나가 강(安長川)이 있는 안쪽으로 들어가, 폭포 뒤에 있는 산에서 나무를 하고 있었습니다. 그런데 그만 잘못하여 손에 들고 있던 도끼를 떨어뜨려, 폭포수가 있는 작고 연못에 도끼가 빠지고 말았습니다. 그러자 갑자기 그 연못에 물살이 일고 물보라가 생기며, 그 근방이 새까맣게 어두워졌습니다. 그리고 물속에서 까만 가시가 돋아난 몽둥이 같은 물체가 떠올랐습니다. 노인은 그 모습을 보고서 몹시 두려워하며 떨면서 쏜살같이 산기슭으로 도망쳤습니다.

그러자 뒤에서 아주 상냥한 목소리로 "영감님, 잠깐 기다려 주세요." 하고 말을 거는 사람이 있었습니다. 뒤돌아보니, 그림처럼 젊고 아름다운 여인가 마침 폭포에 서 있었습니다. "저는 야스나가히메로, 옛날부터 이 연못에서 살고 있었습니다. 그런데 언제부턴가 큰 게가 여기 와서 살게 되었는데, 밤낮으로 저를 괴롭혔습니다. 오늘 영감님이 떨어뜨린 도끼에 못된 게의 한쪽 팔이 잘려

1 시마네현(島根縣)에 속한 섬이다. 도고(島後)와 도젠(島前)으로 이루어졌다. 역사적으로 고다이고(後醍醐) 천황이 유배된 곳으로 유명하다.

약해졌습니다. 방금 큰 가시가 돋아난 팔이 흘러간 것을 보셨지요. 감사하다는 말씀을 드려야 하지만, 아직 한쪽 팔이 남아있기 때문에 안심을 할 수 없습니다. 게는 지금 연못 아래에 있는 굴속에서 팔이 아파 신음하고 있습니다. 제발 한 번 더 이 도끼를 폭포 위에서 떨어뜨려 주십시오." 하고서 좀 전에 물에 빠뜨렸던 도끼를 건네주었습니다. 노인은 두려워하면서도 수신을 도와주려 마음먹고 다시 원래의 산으로 되돌아가서, 여신이 말한 대로 그 도끼를 높은 곳에서 폭포수를 향해 내던졌습니다. 그러자 여신은 크게 기뻐하면서, "이제부터 부귀와 장수, 무엇이든 노인이 원하는 대로 될 것입니다." 하고서는 숲 속으로 돌아갔습니다.

그로부터 며칠 뒤, 등딱지 주위가 열 자 정도나 되고 양쪽 팔이 없는 게가 죽어서 바다입구로 흘러나온 것을 마을 사람들이 발견하고서, 나무꾼 노인이 했던 말이 사실이라고 생각했습니다. 그래서 강의 이름을 야스나가 강, 폭포에 있는 연못을 게 연못이라 부르게 되었다고 합니다. 이 강줄기는 어떤 가뭄에도 물이 끊어지지 않았습니다. 그리고 이 물의 신에게 기우제를 올리면 반드시 비가 내렸다는 것입니다.

_오키(隱岐)지역 스키군(周吉郡)

용궁에서 가져온 종

옛날에 오미(近江)[1]지역에 아와즈노 간자(粟津冠者)라는 무용(武勇)이 뛰어난 무사가 살았습니다. 절을 지었으나 아직 범종(梵鐘)이 없으므로 범종을 만들 쇠를 사와야겠다고 생각하고, 에치젠(越前)[2]지역에서 배를 타고 이즈모(出雲)[3]지역으로 쇠를 구하러 떠났습니다.

배가 일본해(日本海, 동해)를 지나고 있으려니, 갑자기 바람이 세차게 불고 파도가 몰아쳐, 아무리 해도 배가 앞으로 나아가질 않습니다. 선장도 승객들도 모두 어쩔 줄 모르고 있던 차에, 어디선가 아주 작은 배에 아이가 혼자서 타고서 노를 저어 가까이 다가왔습니다. 아이는 "그 배에 오미(近江)지역에 사는 아와즈노 간자(粟津冠者)라는 사람이 타고 있지요? 서둘러 이 배로 옮겨 타 주십시오."라고 말했습니다. 무슨 이유인지는 알 수 없었지만, 아와즈노 간자는 아이가 말한 대로 방금 온 작은 배에 옮겨 탔습니다.

---

1 일본의 옛 지명이다. 지금의 시가현(滋賀縣)이다.

2 일본의 옛 지명이다. 지금의 후쿠이현(福井縣) 동부지역이다.

3 일본의 옛 지명이다. 지금의 시마네현(島根縣) 동부지역이다.

그러자 파도와 바람이 없어져서, 원래 타고 있던 배가 조금도 움직이지 않습니다. 아이가 잠시 여기서 기다리고 있으라고 했고, 작은 배가 갑자기 바다 밑으로 들어가는가 싶더니, 어느새 훌륭한 용궁 문 앞에 도착했습니다. 용왕이 아와즈노 간자를 마중 나와서 "당신이 세상에 둘도 없는 활쏘기의 달인이라는 것을 알고, 꼭 부탁하고 싶은 일이 있소이다. 지금 이 용궁에는 두려운 대적(大敵)이 있어서, 매일 부하들을 거느리고 공격해 오고 있소. 제발 그 활솜씨로 적을 물리쳐서 우리들을 구해주시오."라고 말했습니다. 아와즈노 간자는 명예로운 일이므로 즉시 승낙하고 용궁에서 가장 높은 전각에 올라가 준비를 하고 기다리고 있었습니다.

이윽고 멀리서 올려다 볼 정도로 큰 뱀이 수많은 무리를 거느리고 공격해 왔습니다. 크게 벌리고 있는 입을 겨냥해 정면에서 화살을 쏘자 화살이 혀뿌리에서 목구멍까지 관통했습니다. 이에 두려움을 느낀 뱀이 막 도망가려고 할 때, 이번에는 또 하나의 화살을 뱀 몸뚱이의 중간 정도에 맞췄다고 합니다. 용왕을 비롯해 많은 신하들도 크게 기뻐하며, 무엇으로 오늘의 수고에 보답해야 좋을지를 물었습니다. 그렇지만 아와즈노 간자는 "이번 여행은 새로 지은 절에 아직 범종이 없어서, 그 재료인 철을 사기 위해 바다를 건너 이즈모지역으로 가려 하고 있을 뿐, 다른 것은 바라지 않는다."라고 말했습니다. 용왕은 "그거라면 간단한 일이오."라며, 즉시 용궁의 궁전에 걸려 있던 종을 떼어내어 이것을 선물로 주었습니다.

오미지역의 아와즈에 있는 히로에지(廣江寺) 절의 범종은 용궁에서 보내온 선물이라고 합니다만, 그 절은 이미 없어져 버렸습니다. 무사시보 벤케이(武藏坊辯慶)[4]가 등에 지고 가서 히에이잔(比叡山)[5] 중턱에서 굴렸다고 하는, 지금의 미이데라(三井寺) 절에 있는 큰 범종이 바로 용궁에서 가져온 범종이라는 이야기도 전해지지만, 이미 확실한 것은 아무도 모릅니다.

---

4 가마쿠라(鎌倉)시대 초기의 승려로 어릴 적 이름은 오니와카마루(鬼若丸)이다. 무사시보(武藏坊)라는 승명으로 히에이잔(比叡山)의 서탑(西塔)에 있다가, 미나모토 요시쓰네(源義經)를 섬기면서 뛰어난 무술로 이름을 떨쳤다. 일본 각지에 무사시노 벤케이에 대한 전설이 전해지고 있다.

5 교토와 시가현(滋賀縣)의 경계에 위치한 산이다. 예부터 왕성을 수호하는 영산(靈山)으로 유명하였다. 불교 천태종의 총본산인 엔랴쿠지(延曆寺)가 위치해 있다.

야마지치의 깨달음

옛날에 어느 곳에 통장수 한 사람이 살았습니다. 눈이 내린 아침에 밖에 나가 일을 하고 있을 때, 산 쪽에서 눈 하나에 다리가 하나뿐인 무섭게 생긴 괴물이 나타나서 일하고 있는 통장수 앞에 섰습니다. 통장수는 괴물의 모습을 보고 떨면서 "이것이 옛날부터 이야기로만 듣던 야마지치(山父)[1]라는 괴물인 모양이다."라고 생각했습니다.

그러자 그 괴물은 "이봐 통장수, 너는 지금 '이것이 야마지치라는 것이구나.' 하고 생각하고 있지?"라고 말했습니다. 통장수가 '이거 큰일이다. 내가 생각하고 있는 것을 저렇게 바로 알아 맞히다니.' 하고 생각하자, 괴물이 이번에도 또 "어이 통장수, 너는 지금 네가 생각하고 있는 바를 바로 알아맞히기 때문에 큰일이라고 생각하고 있지?"라고 했습니다. 그러고 나서도 이것저것 모두 통장수가 생각하는 바를 바로 알아맞혔기 때문에 통장수는 난처해졌습니다. 그래서 할 수 없이 부들부들 떨면서 일을 하고 있을 때, 언 손이 뜻하지 않게 미끄러져, 대나무 마디 끝이 앞으로 튀어서

1 '야마지지(山爺)'라고도 부른다. 일본에 전하는 요괴 종류의 하나이다. 눈이 하나에 다리가 하나로 알려져 있다.

야마지치의 얼굴을 탁 하고 쳤습니다. 야마지치는 이에 깜짝 놀라 '인간이라는 녀석들은 때때로 생각지도 않은 일을 하기 때문에 무섭다. 여기 있으면 어떤 일을 당할지 모른다.'고 생각하고, 다시 산 쪽으로 달아났다고 합니다.

_아와(阿波)지역

밥을 먹지 않는 아내

옛날 옛날에 어느 마을에 통장수 한 명이 살고 있었습니다. 어느 날 밤에 밖으로 나가 오줌을 누면서, "아! 밥을 먹지 않는 아내가 있었으면 좋겠다."라고 혼잣말을 하였습니다. 그러자 그 날 밤 본적도 없는 여자가 찾아와서, "밥을 먹지 않는 아내를 원했던 통장수가 당신입니까? 저는 밥을 먹지 않는 여자입니다. 열심히 일할 테니 아내로 삼아 주십시오."라고 말하고는 통장수가 아무리 거절해도 돌아가지 않았습니다. 하는 수 없이 아내로 삼아서 집에 있게 했습니다.

여자는 정말로 열심히 일하고 밥을 조금도 먹지 않았지만, 어찌된 영문인지 통장수도 모르는 사이에 쌀이 쑥쑥 줄어들었습니다. 그것을 미심쩍게 생각한 통장수는 한번 살펴볼 작정으로, 일하러 가는 채비를 하고 집에서 나와 몰래 천장에 올라가 숨어서 엿보았습니다. 그러자 아내는 드디어 부뚜막에 커다란 솥을 걸고 가마니에서 쌀을 잔뜩 꺼내어 싹싹 씻어 밥을 짓기 시작했습니다. 그 다음에 광에서 된장을 듬뿍 가지고 와서, 큰 냄비에 국을 가득 끓여서 국자로 통속에 떠 넣었습니다. 그 다음에는 덧문짝을 하나 뜯어와 부엌 입구에 깔고 다 된 밥을 덜어서 커다란 주먹밥을 만들어 그 위에 늘어놓았습니다. 그런 다음, 이번에는 머리를 풀어 헤치자 머리 한가운데에 커다란 입이 하나 더 있었습니다. 그 입 속으로 주먹밥을 하나씩 집어넣고 한 국자씩 된장국을 부어넣어 통장수가 보고 있는 사이에 국과 밥을 조금도 남기지 않고 모두 먹어치웠습니다. 그런 후에 머리를 깔끔하게 고쳐 묶자 원래대로 선량한 모습의 아내가 되었습니다.

이 여자는 야마하하(山母)[1]였습니다. 통장수는 '당치도 않은 마누라를 얻었구나. 어떻게든 빨리 쫓아내지 않으면 안 되겠다.'라고 생각하여, 저녁이 되자 아무것도 모른다는 얼굴로 짚신에 흙을 묻혀서 돌아왔습니다. 아내에게 "아무리 밥을 먹지 않더라도 당신은 아내로는 어울리지 않는 것 같소. 뭐든지 줄 테니 제발 떠나주시오."라고 말하자, 아내는 "그럼 떠날 테니 제발 큰 통 하나만 만들어 주세요."라고 말했습니다. 통장수는 "통 만들기라면 쉬운 일이오." 하고 즉시 만들어 주었습니다. 그러자 야마하하 아내는 통장수가 방심한 틈을 노려서 느닷없이 남자를 큰 통 안에 밀어 넣었습니다. 그리고 통을 머리에 이고 재빨리 산속으로 돌아갔습니다.

통장수는 통 안에서 빠져나오려고 했지만, 통이 커서 뛰쳐나갈 수가 없었습니다. 그 사이에 점차 산길로 접어들자, 길옆에 큰 나무가 있어서 그 가지가 통의 테두리에 닿았습니다. 야마하하는 이윽고 어느 큰 나무 그늘에 잠깐 멈춰서 쉬었습니다. 통장수는 마침 좋은 기회라고 생각하고, 통 안에서 손을 뻗어 늘어져 있는 가

1 다른 이름은 '야만바(やまんば)'라고도 부른다. 일반적으로 '야마우바(やまうば)'라고 부른다. 깊은 산속에 살면서 괴력을 발휘하며 아이를 납치하기도 한다는 전설적인 요괴이다.

지를 붙들었습니다. 그러자 몸이 통에서 빠져 나왔습니다. 야마하하는 그것을 모르는 채 빈 통을 메고 산속으로 들어갔습니다. 통장수가 '이 틈에 도망가야만 한다.'라고 생각하고 열심히 뛰기 시작하자, 야마하하가 그것을 알아차렸는지 뒤돌아서 점점 쫓아왔습니다. 마을까지 가는 동안에 붙잡힐 것 같아서 "어디 숨을 곳이 없을까?" 하고 둘러보았더니, 마침 계곡의 강 주변에 창포가 무성하고 또 그 옆에는 쑥이 무성하게 자라 있었습니다. 그래서 그 수풀 사이에 숨어 있자, 야마하하도 뒤쫓아 와 그 수풀 속으로 뛰어들었습니다.

하지만 정말 다행스럽게도 창포 잎이 야마하하의 오른쪽 눈을 찌르고 쑥 줄기가 왼쪽 눈을 찔러서, 야마하하는 갑자기 장님이 되었습니다. 그리고 계곡에 빠져 죽은 뒤 강물에 떠내려가 모습을 볼 수 없게 되었습니다. 그 날은 오월 오일이었다고 합니다. 그래서 그 뒤로 이 날을 절구(節句)라고 해서, 반드시 쑥과 창포, 두 가지 풀을 지붕에 이고, 또 그 잎을 탕 속에 넣고 목욕을 하게 되었다고 합니다. 이는 두 번 다시 이 통장수처럼 곤경에 처하지 않기 위해 조심해야 한다는 의미입니다.

__리쿠추(陸中)지역 이사와군(胆沢郡)

소몰이와 야마우바

옛날 옛날에 어떤 소몰이가 소금에 절인 고등어를 소등에 많이 싣고 산골로 팔러 가는 길에 높은 언덕을 넘고자 했습니다. 그 때 운 나쁘게도 야마우바(山姥)[1]와 마주치게 되었습니다. 야마우바가 "이봐, 이봐, 고등어 한 마리 주라."라고 말했습니다. 소몰이는 어쩔 수 없이 짐 속에서 고등어 한 마리를 꺼내 던져주고 서둘러 지나갔습니다.

그렇지만 소의 걸음이 느린 탓에 야마우바는 바로 고등어를 먹어치우고, 뒤쫓아 와서 고등어를 달라고 또 졸랐습니다. 이렇게 한 마리씩 꺼내 던져주는 동안에 결국 소등에 있던 많은 고등어를 야마우바가 남김없이 먹어치웠습니다. 고등어가 없어지자 이번에는 "소를 달라. 그렇지 않으면 너를 잡아먹겠다."라고 했습니다. 소몰이는 두려워서 견딜 수가 없었으므로 소를 거기에 놔두고 서둘러 도망쳤습니다.

그러자 야마우바는 소마저도 눈 깜짝할 사이에 먹어치우고 다시 쫓아와, "이번에는 너를 잡아먹겠다."라고 말했습니다. 소몰이

---

1 다른 이름은 '야만바(やまんば)'라고도 부른다. 일반적으로 '야마우바(やまうば)'라고 부른다. 깊은 산속에 살면서 괴력을 발휘하며 아이를 납치하기도 한다는 전설적인 요괴이다.

는 아무리해도 그 말만은 들어줄 수가 없었습니다. 온힘을 다해 도망쳐 큰 저수지의 둑까지 왔습니다. 둑 위에는 커다란 나무가 있었습니다. 서둘러 그 나무 위로 올라가 숨었습니다만, 공교롭게도 나무 가지에 잎이 없어서 소몰이의 그림자가 저수지 수면 위에 비쳤습니다.

야마우바는 단숨에 쫓아왔습니다만, 당황해서 수면에 비친 그 림자를 소몰이라고 생각하고 물속으로 뛰어들어가 여기저기 찾아 헤맸습니다. 소몰이는 그 틈에 간신히 나무에서 내려와 다시 도망쳤습니다. 그러자 산 밑에 집 한 채가 있어서 급히 안으로 들어갔더니, 그 집은 다름 아닌 야마우바가 사는 집이었습니다. 몰래 천장으로 올라가 대들보 사이에 숨어있자, 이윽고 야마우바가 물에서 나와 "오늘은 소몰이를 쫓다보니 몹시 피곤하구나."라고 혼잣말을 하면서 돌아왔습니다. 그리고 화로에 불을 피우고 떡을 꺼내와서 굽기 시작했습니다.

떡이 점점 구워지는 동안에 야마우바는 꾸벅꾸벅 졸았습니다. 대들보 위에 숨어 있던 소몰이는 지붕 속에서 띠(茅) 막대기를 하나 뽑아, 구워진 떡을 한 개씩 찔러서 가져다 먹었습니다. 야마우바가 눈을 뜨고 "누가 떡을 먹었어!"라고 소리지르자, 소몰이는 작은 목소리로 "불의 신, 불의 신"이라고 말했습니다. 야마우바는 떡 한 조각이 떡판에서 굴러 까맣게 탄 것을 주워서, "불의 신이라면 할 수 없지."라고 말했습니다. 이번에는 냄비를 걸고 감주(甘酒)를 끓였습니다. 감주가 따뜻해지기를 기다리다가 또 졸기 시작했습니다. 소몰이는 긴 띠 막대기를 또 하나 뽑아 들고, 대들보 위에서 감주를 빨아 마셨습니다. 야마우바가 눈을 뜨고 "누가 마셨어!" 하고 소리치자, 소몰이는 또 다시 작은 목소리로 "불의 신, 불의 신." 이라고 말했습니다. 야마우바는 "이런 밤에는 자는 게 낫겠다." 하고서, "돌로 만든 가라토(唐櫃)[2]에서 잘까? 나무로 만든 가라토에서 잘까? 돌은 차가우니까 나무로 만든 가라토가 좋겠다." 하고서는, 나무로 된 커다란 가라토 뚜껑을 열고 그 속에 들어가 드르렁드르렁 코를 골며 잠이 들었습니다.

소몰이는 그 모습을 보고 바로 대들보 위에서 내려와 화로에 불을 피웠습니다. 그리고 목욕물을 펄펄 끓여두고 송곳을 들고 와서 나무로 만든 가라토의 뚜껑에 구멍을 뚫었습니다. 가라토 안에서 자고 있던 야마우바는 그 소리를 들으면서 "여치가 우니 내일은 날씨가 좋겠군."이라고 말했습니다. 소몰이는 그 사이에 끓인 물을 구멍 속에 부어, 마침내 복수를 했습니다.

_에치고(越後)지역

2 발이 네 개 혹은 여섯 개 달린 중국식 궤를 말한다.

천도님 쇠 동아줄을

옛날 옛날에 어느 마을에 어머니와 세 아이들이 살고 있었습니다. 어머니가 세 아이를 집에 남겨두고 절에 간 사이에 야마우바가 어머니로 변장하고 찾아왔습니다. 야마우바의 손을 만져보면 곧 알아차릴 수 있지만, 야마우바가 아이들을 속일 작정으로 손에 토란줄기를 감고 있었기 때문에 아이들은 어머니의 손이라고 생각하고 문을 열어 주었습니다. 야마우바는 세 아이들 중 가장 어린아이를 안고 안방에 들어가 잤습니다.

그리고는 그 아이를 아작아작 먹어치웠습니다. 옆방에서 자고 있던 두 아이가 그 소리를 듣고서 어머니로 변장한 야마우바에게 무엇을 먹고 있느냐고 물었습니다. 그러자 야마우바는 안방에서 작은 손가락 하나를 던져 주었습니다. 그것을 보고 두 아이는 바로 야마우바임을 알아차리고, 도망칠 궁리를 하였습니다. 먼저, 둘째가 변소에 다녀오겠다고 말하자, 야마우바가 형에게 문을 열어주라고 했습니다. 그렇게 해서 두 아이는 집밖으로 나와, 우물가에 있는 복숭아나무에 도끼로 디딜 곳을 만들어 그것을 딛고 나무 위로 올라갔습니다.

야마우바는 뒤쫓아 나와 여기저기 아이들을 찾아다니다가 우물

안을 들여다보았고, 나무 위에 올라가 있는 아이들을 발견했습니다. 아이들에게 어떻게 나무 위로 올라갔는지를 물었습니다. 큰아이가 머리에 바르는 기름을 칠해서 올라왔다고 거짓말을 했습니다. 야마우바가 머릿기름을 가지고 와 복숭아나무에 칠했지만, 주르르 미끄러져 아무리 해도 올라갈 수가 없었습니다. 둘째가 그 모습을 보고 웃으며 "머릿기름을 바르고 어떻게 올라오겠어. 도끼로 디딜 곳을 만들어 올라왔지."라고 말했습니다. 야마우바가 그 말을 듣고, 도끼로 나무를 찍어 딛고 올라오기 시작했습니다.

두 아이는 어쩔 줄을 몰라 하다가 하늘에 대고 큰 소리로 "천도(天道)님, 쇠 동아줄을 내려주세요!" 하고 크게 외쳤습니다. 그러자 달랑달랑 소리가 나며 하늘에서 쇠 동아줄이 내려왔습니다. 그걸 잡고 아이들은 하늘로 올라갔습니다. 야마우바도 뒤를 이어 하늘에 대고 똑같이 외쳤지만, 이번에는 썩은 동아줄이 내려왔습니다. 그것을 잡고 올라가려던 야마우바는 높은 곳에서 메밀밭 속으로 떨어져, 돌에 머리를 부딪혀 죽고 말았습니다. 메밀 줄기는 야마우바의 피로 물들어, 그 뒤로 저처럼 새빨간 색이 되었다고 합니다.

_히고(肥後)지역 아마쿠사군(天草郡)

오니와 신리키보

옛날에 사카모토 하치만(阪本八幡)이라는 야마부시(山伏)[1]의 집에, 매번 지치부(秩父)에 있는 산에서 오니(鬼)[2]가 내려와서는 술을 잔뜩 마시고 맛있는 것을 달라고 졸랐습니다. 또 오니가 여러 가지로 아주 어려운 문제를 내서 곤란한 지경에 처했던 일이 있었다고 합니다.

그 때 신리키보(神力坊)가 머리를 짜내서, 어떻게 해서든 오니가 질려서 더 이상 찾아오지 못하도록 하기 위한 방법을 궁리했습니다. 마을 사람들에게 부탁해서 오니가 찾아오는 날은 하루 동안에 보리밭을 전부 베어버리도록 준비를 해두었습니다. 그리고 오니에게 줄 술안주로는 네모나게 자른 흰 돌과 둥글게 자른 대나무뿌리를 준비해 두고, 자신의 술안주로는 별도로 두부와 죽순 익힌 것을 접시에 담아 두었습니다. 오니는 그런 줄도 모르고 평상시처럼 기세당당하게 음식을 먹으려고 했지만, 둥글게 자른 대나무뿌리

1 산에서 기거하며 수행을 하기 때문에 붙여진 이름이다. 슈겐도(修驗道)라 부르는 불교와 민간신앙이 습합된 종파의 승려들은 수행을 위하여 산에서 기거하였다.

2 흔히 한국의 도깨비와 비교되는 일본의 대표적인 요괴를 말한다. 머리에 뿔이 돋아 있고 호랑이 가죽처럼 생긴 옷을 걸치고 있다. 그리고 손에는 쇠방망이를 들고 있는 험상궂은 모습으로 표현된다.

도 돌도 모두 딱딱해서 도저히 먹을 수가 없었습니다. 입을 다물고 쳐다보고 있는 오니 앞에서 주인인 신리키보는 진짜 두부와 죽순을 아무렇지도 않게 우적우적 먹었습니다. 신리키보는 "오니여, 어떤가요? 인간의 이빨은 이 정도로 튼튼하기 때문에 씹으려고만 하면 무엇이든지 씹을 수가 있습니다. 또 그뿐이 아닙니다. 인간은 땅을 뒤집어엎기도 하고, 가죽을 벗겨낼 수도 있지요. 자 나와서 보십시오." 하고, 오니를 집밖으로 안내했습니다.

밖에 나와 보니 오늘 아침에 오니가 왔을 때만 해도 그 일대가 노랗게 잘 익은 보리밭이었는데, 어느 틈엔가 보리가 남김없이 베어져 있고, 밭의 절반은 갈아엎어져 새까만 땅으로 변해 있었습니다. 오니는 그것을 보고 "과연 인간은 오니보다 대단하구나. 오니가 도저히 할 수 없는 일만 하는구나. 그것도 잘 모르고 인간 세상에 와서 잘난 체 할 수야 없지."라고 생각하여, 도망쳤는지 어쨌는지. 그 점에 대해서는 이야기가 전해지지 않습니다. 그러나 어쨌든 이미 오래 전부터 산에 사는 오니가 이 마을에 내려오지 않게 된 것만은 분명합니다.

_무사시(武藏)지역 지치부군(秩父郡)

곤고인과 여우

옛날 옛날에 어느 곳에 곤고인(金剛院)이라는 야마부시(山伏)[1]가 있었습니다. 여행을 하다가 오랜만에 활달한 모습으로 고향에 돌아왔습니다. 그런데 마을 입구에 있는 언덕 그늘에서 커다란 여우 한 마리가 기분 좋게 낮잠을 자고 있는 것을 발견했습니다. 곤고인은 발소리를 죽여 자고 있는 커다란 여우 옆으로 몰래 다가가 손에 들고 있던 소라고둥을, 여우의 귓전에 대고 큰 소리로 불었습니다. 그러자 여우는 깜짝 놀라서 벌떡 일어나 비척거리며 도망가서 멀리 있는 풀 속에 숨었습니다.

그 일이 여우에게는 매우 분했던지, 언제부터인가 복수를 벼르고 있었습니다. 마침 이 다음날 밤에 읍내에서 야마부시들의 모임이 있어서, 어제 돌아온 곤고인도 나가기로 했습니다. 각 마을의 야마부시들이 이곳저곳에서 모여들어 같이 읍내로 나오려고 하는 도중에 실로 신기한 광경을 보았습니다. 여우 한 마리가 사람이 지나가는 줄도 모르는지, 연못가에 서서 물에 비친 자신의 모습을 보면서 자주 풀과 나뭇가지를 머리에 얹거나 어깨에 걸치고 있었

1 산에서 기거하며 수행을 하기 때문에 붙여진 이름이다. 슈겐도(修驗道)라 부르는 불교와 민간신앙이 습합된 종파의 승려들은 수행을 위하여 산에서 기거하였다.

습니다. 뭘 하려는 걸까 하고 몰래 보고 있자니, 이윽고 여우는 몸을 부들부들 떨며 갑자기 곤고인의 모습으로 변했습니다. 그리고 재빨리 어딘가로 숨어버렸습니다. 야마부시들은 이를 보고 "괘씸한 여우가 아닌가. 저렇게 해서 우리들에게 온 다음 우리들을 속일 작정인 게야. 오면 붙잡아서 솔잎에 불을 붙여 태우세." 하고 의논을 한 후, 준비를 하고 기다리고 있었습니다.

진짜 곤고인은 그런 일이 벌어진 줄은 꿈에도 모른 채, 조금 늦게 모임에 나왔습니다. 그러자 모두 "야, 곤고인! 잘 왔구나." 하고서, 모두가 곤고인의 손을 잡아 한 가운데로 밀어냈습니다. 젊은 야마부시가 곤고인의 엉덩이를 더듬기도 하고 귀를 잡아당기기도 하였습니다. 곤고인이 그들에게 뭘 하는 거냐고 물어볼 새도 없이, 벌써 누군가가 새끼줄을 가지고 와서 그를 칭칭 감고 때렸습니다. 그리고 푸른 솔잎에 불을 많이 피워서, 곤고인이 숨을 쉴 수 없을 정도로 몸을 그슬리고 때렸습니다. 곤고인은 여우가 둔갑한 것으로 의심받고 있다는 사실을 깨닫고, 자신이 결코 여우가 아니라는 증거를 여러 가지로 내보였기 때문에 간신히 포승에서 풀려날 수 있었습니다. 곤고인은 "실은 어제 밖에서 돌아올 적에 죄도 없는 여우를 소라고둥으로 놀라게 했었습니다. 여우가 그걸 원망하여 사람들에게 일부러 둔갑하는 모습을 보인 뒤에 이처럼 모두에게 괴롭힘을 받도록 앙갚음을 한 것일 겁니다. 이제부터는 낮잠 자고 있는 여우를 발견해도 절대로 소라고둥 따위를 불지 않겠습니다." 라고 하였다고 합니다.

_기슈(紀州)지역 니시무로군(西牟婁郡)

갑작스런 불도입문

옛날 어느 마을에 나쁜 여우가 나와 장난을 일삼아서 사람들이 시달리고 있을 때에, "나는 결코 여우 따위에게 홀리지 않는다." 하고, 혼자서 뽐내던 사람이 있었습니다. 그 사람이 밖에 나갔다 돌아오다가 길 아래에 있는 강가에서 여우 한 마리가 후박나무 잎을 머리에 얹고 여자로 둔갑한 다음, 강에 있는 풀을 캐서 동그랗게 엮은 후 갓난아기로 만들어 안고 있는 것을 발견했습니다. 이를 보고 "저 녀석이 사람을 홀릴 작정이군. 좋아, 내가 어떻게 하는지 두고 봐라." 하고서, 길가에 있는 돌을 주워 위에서 냅다 던졌습니다. 그러자 아이가 그 돌을 정통으로 맞아 단번에 죽어버렸습니다. 어머니는 울면서 분노에 차서 아이를 원래대로 돌려달라고 소리를 질렀습니다. "뭐야, 너는 여우잖아."라고 말해도 여자는 더욱 더 화를 낼 뿐 받아들이려 하지 않았습니다.

그런데 아무리 시간이 지나도 여자가 여우로 변하지 않을 뿐만 아니라, 보면 볼수록 분명히 어머니와 자식으로 보였기 때문에 그 사람은 "그럼 내가 잘못 봤던 걸까? 터무니없는 일을 저질렀구나." 하고, 갖은 말을 다해 용서를 빌었습니다. 그렇지만 그 여자는 좀처럼 용서해 주지 않았습니다. "그럼 어쩔 수 없으니 중이 되어 사죄하겠다."라고 말했습니다.

그리고 함께 근처의 절까지 가서 주지 스님에게 사정을 설명한 뒤 머리를 깎았습니다. 그런데 주지 스님은 머리를 굉장히 아프게 깎았습니다. 너무 아파서 정신을 못 차리다가 겨우 정신을 차리고 주위를 둘러보았습니다. 그랬더니 이미 조금 전의 어머니도 아기도 없고, 주지 스님도 절도 없었습니다. 그뿐만 아니라 스님이 깎았다고 생각한 머리카락은 모두 여우에게 뜯긴 것이었다고 합니다.

_무사시(武藏)지역

동자승과 여우

옛날 옛날에 어느 산사(山寺)에 즈이텐(ずいてん)이라고 하는 동자승이 있었습니다. 주지 스님이 외출하고 동자승이 혼자 절을 지키고 있을 때면, 어김없이 여우가 부엌문 쪽으로 와서 "즈이텐, 즈이텐." 하고 불렀습니다. 동자승은 여우가 너무 얄미워서 본당 창문 쪽으로 돌아가 들여다보았더니, 여우가 문 입구에 등을 향하고 서 있었습니다. 여우가 굵은 꼬리로 문을 문지르자 '즈이' 하는 소리가 났습니다. 그 다음에 머리를 문에 부딪히자 '텐' 하는 소리가 나는 것이었습니다. 영리한 동자승이었기에 재빨리 돌아와서, 몰래 문 옆으로 와서 서 있었습니다. 그리고는 '즈이' 하는 소리가 났을 때 문을 확 열자, '텐' 하고 문에 머리를 부딪히려던 여우가 부엌 안으로 넘어졌습니다. 동자승은 바로 그 문을 닫아 놓고 몽둥이를 들고 와서 여우를 쫓아갔습니다.

그렇지만 그러는 사이에 여우의 모습이 보이지 않게 되었습니다. 그 다음에 본당 쪽으로 가보았더니, 어느 틈엔가 본존 석가불상이 두 개가 되어 있어, 어느 쪽이 여우가 둔갑한 것인지 분간할 수가 없었습니다. "뭐, 그래봤자 금방 알 수 있어. 우리 부처님은 독경을 하면 혀를 내미시니까 틀림없이 구별 할 수 있어." 하고,

목탁을 두드리며 불경을 읽었습니다.

그러자 여우가 둔갑한 불상이 서둘러 긴 혀를 내밀었습니다. "그럼 이제부터 우리 부처님께 부엌에서 공양을 올려볼까. 여우가 둔갑한 불상은 놔두고 말이야." 하면서 얼른 부엌으로 가자, 뒤에서 가짜 부처가 어슬렁어슬렁 걸어 나왔습니다. 동자승은 "그럼 먼저 정갈한 물을 올려야지." 하고서, 가짜 부처를 껴안아 토방에 있는 큰 솥에 집어넣었습니다. 그리고는 뚜껑을 꼭 닫고 불을 지폈습니다. 그리하여 주지 스님이 돌아오실 때까지 여우를 통째로 삶아 두었다고 합니다.

_우젠(羽前)지역

외눈박이 할아버지

옛날 옛날에 오슈(奥州)[1]지역의 어느 시골에 할아버지와 할머니가 살고 있었습니다. 할머니는 눈 두 개가 제대로 있었지만 할아버지는 눈이 하나였습니다. 어느 날 밤늦게 할아버지가 “여보 할멈, 다녀왔구려.” 하며 돌아왔습니다. 그런데 할아버지의 눈은 원래 오른쪽이 외눈이었는데, 왼쪽이 외눈으로 되어 있었습니다. 할머니는 ‘이건 필시 여우로구나.’라고 생각했습니다. 그래서 “또 취해서 돌아왔구려. 술만 취하면 항상 가마니에 들어가려는 버릇이 있다니깐.”이라고 했습니다. 할아버지는 “뭐야, 또!” 하면서 스스로 가마니 안에 들어갔습니다. 할머니가 “가마니에 들어가면 위에서 밧줄로 묶으라고 하니까.”라고 말하며 가마니를 밧줄로 묶자, 할아버지는 할머니가 하는 대로 얌전하게 있었습니다. “밧줄로 묶으면 또 언제나처럼 불을 지펴서 연기를 피우라고 하지요?” 하고 할머니가 묻자, 할아버지는 “뭐야, 또!” 하고 대답했습니다. 그래서 화로 위에 가마니를 올려놓고 점점 불을 피워서 여우를 곤경에 빠뜨렸습니다. 그 다음에 일부러 생선 등을 구워서 맛있는 냄

---

1 일본의 옛 지명이다. 지금의 후쿠시마현(福島縣), 미야기현(宮城縣), 이와테현(岩手縣), 아오모리현(青森縣)과 아키타현(秋田縣)의 일부가 이에 해당된다.

새를 풍기며 할머니 혼자서 밥을 먹었습니다. 그러는 동안에 오른쪽이 외눈인 진짜 할아버지가 돌아왔습니다. 그래서 화로 위에 놓인 왼쪽이 외눈인 할아버지는 결국 여우고깃국이 되고 말았다고 합니다.

_리쿠추(陸中)지역

히지산의 여우

옛날에 히로시마(廣島)에 노(能)[1]를 하는 배우가 살았습니다. 어느 날 해안가에 있는 마을에서 열리는 마쓰리(祭)[2]에 갔다가, 밤늦게 히지산(比治山) 아래의 길로 돌아오고 있었습니다. 북풍이 너무 심하게 불어 추웠기 때문에 품에 품고 있던 노(能)에 쓰는 가면을 꺼내 바람막이로 쓰고 걷고 있었습니다. 그러자 갑자기 히지산 위에서 남자 한 사람이 내려와서 "이봐요!" 하고 불러 세웠습니다. 그 남자는 "참으로 신기한 것을 쓰고 계시군요. 그것은 뭐에 쓰는 것입니까?"라고 물었습니다. "이것은 노에 사용하는 가면으로, 얼굴에 쓰고 춤을 추는 것입니다."라고 대답하자, "그것을 쓰기만 하면 언제든지 그런 얼굴이 되는가요? 실은 저는 이 히지산에 살고 있

1 일본의 대표적인 전통예능의 한 가지이다. '노멘(能面)'이라고 부르는 가면을 쓰고 행하는 가면극이다.

2 마쓰리(祭)라는 일본어는 여러 가지 의미로 사용되기 때문에 이에 해당하는 한국어를 찾기가 쉽지 않다. 한국에서는 보통 '축제'라는 말로 번역하는 경우가 많지만, 이 '축제'라는 말과는 많은 차이가 있다. 예를 들어 일본의 『고지엔(廣辭苑)』 사전에는 다음과 같이 설명되어 있다. ①제사 지내는 일. 제사. 제례. 하이카이(俳諧)에서는 특히 여름 마쓰리(夏祭)를 말한다. ②특히 교토 가모(賀茂) 마쓰리를 칭한다. 아오이 마쓰리(葵祭). ③근세 에도(江戸)에서 행한 2대 마쓰리. 히요시 산왕신사(日吉山王神社)와 간다묘진(神田明神)의 마쓰리. ④기념·축하·선전 등을 위해 여는 집단적 행사. 제전. 일반적으로 마쓰리라고 하면 ①과 ④의 의미로 사용하는 경우가 많다. 여기서는 한국의 동제(洞祭)와 비슷한 의미로 사용되었다.

는 여우입니다만, 당신처럼 변하고 싶으니 제발 그 가면을 저한테 주십시오."라고 말했습니다. 남자가 하도 간곡하게 부탁을 하기에 결국 배우도 승낙을 하고 가면을 벗어서 여우에게 주고 집으로 돌아왔습니다.

그런 일이 있고 얼마 안 있어, 오랜만에 히로시마의 영주(領主)가 사냥을 하러 많은 종들을 데리고 히지산 아래를 지나가고 있었습니다. 그런데 이상한 여우 한 마리가 산 위에서 나타나, 사람을 전혀 무서워하지 않고 주변을 이리저리 돌아다녔습니다. 많은 무사들이 여우가 나타났다고 몰려와서 즉시 여우를 때려잡았습니다. 자세히 보니 전에 노 배우가 갖고 있던 가면을 쓰고 있었다고 합니다. 여우는 가면을 쓰면 몸까지도 사람이 될 걸로 생각했던 모양으로, 여우 중에서 이 히지산의 여우가 제일 어리석을 것이라고 전해지고 있습니다.

시바우에몬 너구리

옛날에 아와지(淡路)[1]지역에 사는 시바우에몬(芝右衛門)이라는 너구리가 있는 곳으로, 아와(阿波)[2]지역에 사는 대머리 너구리가 둔갑하기 시합을 하자고 전갈을 보내왔다고 합니다. 시바우에몬 너구리는 이를 받아들여, 바다를 건너서 아와지역으로 갔습니다. 먼저 대머리 너구리가 아와지역의 영주(領主)가 항해하는 모습으로 둔갑해 보였습니다. 많은 배가 멀고 가까운 바다 위에 쭉 늘어서고, 각양각색의 깃발과 후키나가시(吹き流し)[3]가 바람에 휘날렸습니다. 배에서는 뱃사람이 부르는 노랫소리가 들려왔습니다. 시바우에몬은 감탄하여 "지금까지 이처럼 뛰어난 둔갑술은 본 적이 없다."라고 했습니다. 그러고 나서 "그럼 저도 영주의 행렬을 하나 만들어 보여 드리지요. 몇 월 며칠 점심 전에 마이코(舞子) 해변으로 가서, 거기 있는 소나무 위에서 보아 주십시오." 하고 약속을 했습니다. 대머리 너구리는 약속한 대로 곧장 반슈(播州)지역으로

1 일본의 옛 지명이다. 지금의 효고현(兵庫縣) 아와지시마(淡路島)이다.

2 일본의 옛 지명이다. 지금의 도쿠시마현(德島縣)이다. '아와오도리'라는 춤이 유명하다.

3 군진(軍陣)에 세우는 여러 개의 조붓하고 긴 헝겊을 반달 모양의 고리에 매어 장대 끝에 달아 바람에 나부끼게 만든 것이다.

건너가서 마이코 해변의 소나무 위에 슬쩍 올라가서 기다리고 있었습니다.

그러자 이윽고 서쪽에서 많은 긴 창을 세우고, 해변 밑으로 행렬이 전진해 왔습니다. 말과 가마의 장식이 빛나고, 호위하는 무사들은 모두 무서운 얼굴을 하고 있었습니다. 대머리 너구리는 너무 감탄한 나머지 무의식중에 소나무 위에서 손뼉을 치며 “시바우에몬님 훌륭해요. 훌륭해. 마치 진짜같습니다.”라고 큰 목소리로 칭찬했습니다.

대머리 너구리가 감탄한 것도 무리는 아닙니다. 왜냐하면 그것은 진짜 영주의 행렬이었던 것입니다. 시바우에몬 너구리는 전부터 미리 이 사실을 알고 그것을 대머리 너구리에게 보여주었던 것입니다. 호위하던 무사가 대머리 너구리를 발견하고서 “어 저런 곳에서 너구리가 조롱을 하고 있다니. 무례한 녀석이로군.”이라고 말하자마자, 재빨리 달려가서 너구리를 창으로 찔러 떨어뜨리고 말았다고 합니다.

시코쿠(四國)[4]에서 가장 명성이 높았던 아와지역의 대머리 너구리는 이렇게 아와지지역의 시바우에몬 너구리한테 속아서 죽고 말았다는 이야기입니다. 그런가 하면 아와지역 쪽에서는 대머리 너구리가 지금도 계속 건강하게 살고 있는 듯이 말하는 사람도 있습니다. 너구리에 관한 일이기 때문에 분명한 것은 잘 모릅니다.

_아와지(淡路)지역

[4] 지금의 도쿠시마현, 가가와현(香川縣), 에히메현(愛媛縣), 고치현(高知縣)을 총칭하여 부르는 지명이다.

야마부시의 너구리 퇴치

옛날에 이와키(石城)[1]지역에 있는 사카키코야(榊高野)라는 마을에서 어느 농사꾼의 집에 있는 도구들이 매일 없어지는 일이 생겼습니다. 아마도 너구리가 못된 장난을 친 것이라고 생각한 농사꾼은 여기저기서 야마부시(山伏)를 불러와서 너구리 퇴치를 위한 기도를 올렸습니다. 그렇지만 조금도 효과가 없고, 여전히 밥그릇이나 젓가락 같은 물건까지 눈 깜짝할 사이에 없어졌으므로, 야마부시들도 의기소침해졌습니다.

그러자 마지막으로 부탁받고 온 야마부시가 "나에게 이런 일쯤은 아무것도 아니오. 꼭 퇴치시켜 보이겠소."라고 했습니다. "하지만 기도를 올리는 데는 필요한 물건이 조금 있으니 서둘러 사오겠소." 하는 말을 남기고, 다이라(平) 읍내로 물건을 사러 나갔습니다. 조금 뒤에 집에 있던 사람이 둘러보니, 꽤나 허둥대는 야마부시였던 모양인지 작은 보자기 꾸러미 하나를 잊고 놓고 갔습니다. "이것이 없으면 야마부시가 곤란해 할지도 모른다. 빨리 알려 드려야지."라고 생각하고, 밖으로 나가 큰 소리로 불러 보기도 하고 사람을 보내 찾아보기도 했지만, 결국 그를 따라 잡을 수 없었습

1 지금의 후쿠시마현(福島縣) 동부지역 일부와 미야기현(宮城縣) 남부지역 일부이다.

니다. 할 수 없이 발길을 돌려 집에 들어가 보니, 이미 그 사이에 보자기 꾸러미가 사라져 어디에 있는지 알 수 없게 되었습니다.

그러고 나서 조금 오래 기다리고 있는 동안에 불쑥 야마부시가 돌아왔습니다. 집에 있던 사람들은 야마부시가 딱해 보여서 그에게 보자기가 없어진 일을 말하자, 야마부시는 "그럼 됐어, 그럼 됐어." 하며 조금도 걱정하지 않고 그저 웃고만 있었습니다. 그리고 모두 함께 집안을 샅샅이 뒤져보니, 툇마루 아래 가장 안쪽에서 늙은 너구리 한 마리가 죽은 채로 발견되었다고 합니다. 없어진 도구들도 대개 그 주위에 있었습니다. 너구리는 손에 커다란 주먹밥을 쥔 채로, 절반쯤 먹다만 채로 죽어 있었다고 합니다. 이는 마친(まちん)이라고 하는 너구리 독약을 주먹밥 안에 넣어두고 보자기에 싸서 일부러 잊어버리고 간 것처럼 한 것이라고 야마부시가 웃으면서 이야기했다고 합니다.

_이와키(磐城)지역 이와키군(石城郡)

항구의 말뚝

옛날에 미카와(三河)[1]지역에 있는 헤이사카(平阪)항구에 못된 너구리가 있어서 매번 뱃사람들을 괴롭혔습니다. 그 너구리가 했던 가장 못된 장난은 말뚝으로 둔갑해서 뱃사람들이 모르고 작은 배를 묶어두게 하는 것이었습니다. 뱃사람이 육지에 올라와 놀고 있는 동안에 너무리가 그 배를 어디론가 가지고 가버렸습니다. 헤이사카 항구에는 원래 말뚝 따위는 전혀 없었지만, 저녁에 다른 곳에서 온 뱃사람들은 너구리가 둔갑한 사실을 모르기 때문에 딱 좋은 곳에 말뚝이 있다며 무심코 작은 배를 묶어두면 너구리가 배를 바다로 떠내려보냈던 것이었습니다.

이런 너구리의 못된 장난에 질려서 헤이사카 항구에 놀러오는 사람이 점점 줄어들었습니다. 그래서 그 지역의 기운 센 사람들이 너구리를 꼭 퇴치해야겠다고 생각하고서 어느 날 달밤에 밧줄과 몽둥이를 작은 배 안에 숨겨 놓은 채, 젊은이 서너 명이 배를 저어 바다로 나갔습니다. 둑의 그림자만이 조금 어두울 뿐, 물 위는 온통 하얗게 빛나는 밤이었습니다. 그 중 한 사람이 "이 부근으로 올라가면 좋은데, 배를 묶어 둘 말뚝이 없네." 하고 일부러 큰 소리로

---

1 지금의 아이치현(愛知縣) 동부지역이다.

말했습니다. 그러자 어느새 둑 근처에 굵은 말뚝 한 개가 불쑥 나왔습니다. 젊은이들은 서로 눈짓을 하며, 아무것도 모른다는 얼굴을 하고 노를 저어 말뚝을 지나치려고 했습니다.

그러자 물속에서 누군가가 작은 소리로 "말뚝, 말뚝"이라고 말했습니다. 원래 너구리는 지혜가 조금 부족하기 때문에, 말뚝이 있다는 사실을 아무도 알아차리지 못하는 것 같으니까, 스스로 애가 타서 이런 소리를 냈던 것입니다. 젊은이들이 "아, 여기 굵고 튼튼한 말뚝이 있었는데 전혀 몰랐네." 하고, 모두 웃으며 배 안에서 밧줄을 꺼내 재빨리 그 말뚝을 묶었습니다. 평소보다 배 이상이나 되는 긴 밧줄이었습니다. 그 밧줄로 말뚝을 칭칭 감아서 단단하게 배를 매고, 그 다음에는 몽둥이를 꺼내 말뚝으로 다가가 때렸습니다. 그러자 갑자기 말뚝이 울기 시작하더니 둔갑한 너구리의 가죽이 드러났습니다. 드디어 못된 너구리를 퇴치하였다고 합니다.

_미카와(三河)지역 하즈군(幡豆郡)

여우가 웃다

옛날에 미마사카(美作)[1]지역에 있는 어느 산마루 위에 찻집이 한 곳 있었는데, 기헤에(喜兵衛)라는 부부가 살고 있었습니다. 어느 날 밤이 으슥할 무렵, 기헤에의 찻집으로 훌륭한 옷차림을 한 여행 중인 무사가 들어와서 쉬었습니다. 잘 살펴보니 그 무사는 여우가 둔갑한 것이었습니다. 하카마(袴)[2]와 입고 있는 옷, 그리고 허리에 찬 칼만은 진짜 무사의 모습이었지만, 아직 약간 둔갑이 미숙한 여우였던지, 털이 조금 있고 얼굴이 뾰족했습니다. 또한 귀도 삼각형으로 솟아 있었습니다. 여우는 그 사실을 몰랐기 때문에 완벽하게 둔갑했다는 듯이 매우 거만하게 굴었습니다. 기헤에는 우스워서 견딜 수 없었지만 간신히 웃음을 참았습니다.

그래서 여우가 어떡하는지 지켜볼 심산으로, 쇠로 된 대야에 물을 가득 떠와서 "씻으십시오." 하고 여우인 무사 앞에 놓았습니다. 잠시 후에 여우가 씻으려고 고개를 숙여 자신의 얼굴을 물에 비춰 보았습니다. 그 때서야 비로소 아직 둔갑이 다 되지 않은 사실을 알아차렸습니다. 그래서 몹시 놀라 소리를 지르며 찻집을 뛰쳐나

1 지금의 오카야마현(岡山縣) 북부지역이다.

2 허리에서 발목까지 덮는 주름 잡힌 하의를 가리킨다.

가 어디론가 사라져 버렸습니다.

그 다음날, 기헤에는 혼자서 산에 나무를 하러 갔습니다. 나무를 하고 나서 집으로 돌아가려고 할 때, 갑자기 숲 속에서 "기헤에님, 기헤에님." 하고 작은 소리로 부르는 사람이 있었습니다. 모습은 보이지 않았지만 기헤에가 대답을 하자, "기헤에님, 어젯밤은 우스웠죠."라고 말했습니다. 기헤에는 "그렇다면 어젯밤 그 여우로군." 하고 바로 알아차렸습니다. 옛날에는 여우라도 이처럼 정직해서 사람과 함께 웃을 수 있었다고, 대부분의 산사람들이 생각하고 있었던 것입니다.

꿈을 산 미야 부자

옛날에 휴가(日向)[1]지역에 사는 미야(三彌)라고 부르는 큰 부자가 아직 가난한 행상이었을 때 일입니다. 여름날 동료 두 명을 데리고, 어느 산길을 넘어서 적막한 다카치호(高千穗)라는 마을로 들어갔습니다. 동료들은 너무 더우니 조금 쉬자고 말하고, 길 옆쪽 나무 그늘에 누워서 곧 잠이 들었습니다. 그 때 미야가 아직 자지 않고 보고 있으려니, 벌 한 마리가 자고 있는 남자의 콧구멍에서 나와서 어딘가 먼 산 쪽으로 날아갔습니다. 미야가 "묘한 일도 있구나."라고 생각하고 있으려니, 조금 지나서 그 벌이 되돌아와 다시 그 남자의 얼굴 주위에서 사라졌습니다.

그 뒤 잠에서 깬 그 친구가 "나는 방금 실로 신기한 꿈을 꿨네. 어쩐지 이 근처 산인 듯 했는데, 걸어보니 골짜기 전체가 금으로 가득 찬 곳이 있었어."라고 했습니다. 미야가 "그건 정말 좋은 꿈이네. 그 꿈을 나한테 팔지 않겠는가?"라고 하자, "꿈 따위 무슨 소용이 있다고? 바보 같은 소리를 하네."라고 했지만, 미야는 술인지 무엇인지 이 친구가 좋아하는 것을 주고 마침내 꿈을 사게 되었습니다.

---

1 일본의 옛 지명이다. 지금의 미야자키현(宮崎縣)이다.

그러고 나서 며칠 후쯤, 미야는 다시 혼자 이곳으로 와서, 매일 매일 열심히 산이라는 산은 다 찾아 돌아다녔습니다. 그리하여 마지막으로 발견한 것이 가이로쿠(外錄)라고 부르는 금산(金山)이었다고 합니다. 미야가 살아 있는 동안에 그 산에서는 꿈에서 본대로 막대한 금이 나와서 그는 눈 깜짝할 사이에 규슈(九州)에서 제일가는 큰부자가 되었습니다. 이상한 일은 이 사람이 죽고 나자, 곧 대지진이 일어나서 산이 무너지고, 지금은 그 터가 하나의 늪이 되었다고 하는 것입니다.

_휴가(日向)지역 니시우스키군(西臼杵郡)

다코지마의 등에

옛날 옛날에 노토(能登)[1]지역의 다코지마(蛸島)라는 섬에 있는 항구에 야나기(柳) 아무개라고 하는 사람이 살았습니다. 어느 날 젊은이 한 사람을 데리고 고등어를 잡으러 작은 배에 타고 먼바다로 나갔습니다. 그런데 신나게 고등어가 많이 잡혀서 돌아가지도 못하고 언제까지나 고등어를 계속 잡고 있었습니다. 그러자 배를 젓는 젊은이는 지루해서 잠이 들어버렸습니다.

주인이 잠시 있다가 문득 정신을 차려보니, 어디서 왔는지 등에 세 마리가 날아다니며 자고 있는 젊은이의 콧구멍 속으로 자꾸 들락날락했습니다. 주인은 "이런 먼바다에 등에 따위가 날아올 리가 없는데."라고 생각하고, 자고 있던 젊은이를 흔들어 깨웠습니다. 젊은이가 잠에서 깨어 "저는 방금 실로 신기한 꿈을 꿨습니다. 마을에 있는 법당 안에서 부처 세 분이 세 마리의 등에가 되어 날아가는 모습을, 어디까지 가는가 하고 지켜보고 있는데 주인께서 깨우신 것입니다."라고 말했습니다. 주인은 이 이야기를 듣고, "그거 정말 기묘한 꿈이구나. 그렇다면 오늘 잡은 고등어를 전부 네게 줄 테니, 그 꿈을 내게 팔지 않겠나?"라고 물었습니다. 젊은이는

1 일본의 옛 지명이다. 지금의 이시카와현(石川縣) 북부지역이다.

"꿈 따위를 사주신다면 얼마든지 팔게요." 하고, 고등어를 가득히 얻어 기뻐하며 함께 돌아왔습니다.

야나기라는 주인은 그 길로 바로 마을에 있는 법당으로 가 보았습니다. 과연 꿈 이야기대로 법당 벽에 있는 틈으로 등에 세 마리가 드나들고 있었습니다. 삿갓을 손에 들고 기다리고 있다가, 가만히 그 등에를 잡아서 급히 서둘러서 집으로 돌아왔습니다. 그리고 방 가운데서 그 삿갓을 치우고 보니, 등에가 아니라 한 치 여덟 푼 정도의 아름다운 세 개의 불상이었습니다.

세 불상을 모두 집에 모셔두는 것은 욕심이 너무 지나치다고 생각하여, 아미타불(阿彌陀佛)상은 마을에 있는 쇼안지(勝安寺)라는 절에 모셨습니다. 변천(辯天)[2]상은 항구 밖에 있는 작은 섬으로 가지고 갔으므로, 지금도 그 섬을 변천 섬(辯天島)이라 부르고 있습니다. 그리고 남은 비사문천(毘沙門天)상 만큼은 지금도 소중히 그 집안에서 모시고 있다는 이야기입니다.

__노토(能登)지역 스즈군(珠洲郡)

2 변재천(辯才天)을 줄인 말이다. 변재천은 음악·변재(辯才)·재복 등을 관장하는 여신이다. 다른 말로는 묘음천(妙音天)이나 미음천변(美音天辯)이라고도 부른다.

단부리 장자

옛날 옛날에 오슈(奧州)[1]지역에서 더 들어가는 깊은 고을에 단부리 장자(だんぶり長者)라는 엄청나게 큰 부자가 있었다고 합니다. 집에는 삼천 명이나 되는 하인이 있어, 하루에 백 석씩 밥을 지었습니다. 그 쌀을 씻은 뜨물이 요네시로 강(米代川)으로 흘러간 탓에 지금도 요네시로 강물은 뿌옇게 흐려있다고 합니다. 이 단부리 장자가 교토(京都)로 올라가, 장자라는 인정을 받고 싶다고 청했을 때에, "장자에게는 하늘에서 내려준 보물이 없어서는 안 된다. 사람에게 제일 중요한 보물은 자식이다. 그대는 자식이 있는가, 없는가?" 하는 물음이 있었습니다. 그러자 장자는 "저는 아즈키자와(小豆澤)에 있는 대일여래(大日如來)님께 빌어서 낳은 딸이 한 명 있습니다. 이번에도 교토 구경을 시키려고 데리고 왔습니다."라고 말씀드렸습니다. 그 딸을 불러서 보니 옥(玉)처럼 예뻤기 때문에 나중에 신분이 고귀한 사람의 부인이 되었다고 합니다.

단부리 장자는 젊었을 때에는 정직하고 열심히 일하는 평범한 농사꾼이었습니다. 산에 들어가 오두막집을 짓고, 부부가 산에다

---

1 일본의 옛 지명이다. 지금의 후쿠시마현(福島縣), 미야기현(宮城縣), 이와테현(岩手縣), 아오모리현(青森縣)과 아키타현(秋田縣)의 일부가 이에 해당된다.

밭을 개간하여 경작을 하고 있었습니다. 그러던 어느 날 남편이 낮에 쉬면서 밭 한 구석에서 커다란 입을 벌리고 낮잠을 자고 있었는데, 아내는 자지 않고 일어나 있었습니다. 그러자 건너편 산 밑에서 잠자리 한 마리가 몇 번씩이나 날아와서는, 남편의 얼굴 위나 입 주위를 날아 다녔습니다. 이상하게 생각하고 있는데, 남편이 잠에서 깨어는 "나는 방금 뭐라 말할 수도 없이 좋은 술을 마신 꿈을 꿨소."라고 말했습니다. 그래서 아내는 남편에게 잠자리 이야기를 했습니다. 그 부부는 무슨 일일까 하고 생각하고, 둘이서 그 산의 그늘진 곳으로 가보았습니다. 그랬더니 바위 밑에 깨끗한 물이 흐르고 있었고 물을 떠보니 그것은 샘에서 나는 술이었습니다. 그리고 또 그 산에서는 수없이 많은 황금이 나왔습니다. 그 황금을 남김없이 캐서 돌아왔기 때문에, 금세 이처럼 큰 부자가 되었던 것입니다.

단부리라는 말은 오슈지역의 사투리로 잠자리를 말합니다. 잠자리가 가르쳐 줘서 부자가 되었기 때문에, 이름을 단부리 장자라고 부르게 되었습니다.

_리쿠추(陸中)지역 가즈노군(鹿角郡)

지푸라기 장자

먼 옛날에 너무 가난해서 아무것도 할 수 없는 사람이 있었습니다. 그 사람은 야마토(大和)[1]지역에 있는 하세데라(長谷寺)[2] 절의 관음상을 참배하러 와서, "제발 도와주십시오." 하고 밤낮으로 몇 날 며칠을 열심히 빌었습니다.

어느 날 동이 틀 무렵에 아주 이상한 꿈을 꾸었습니다. 관음보살이 본당의 안쪽에서 나와서 "너는 전생에 나쁜 짓을 했기 때문에 현세에서 그 업보를 받고 있는 것이다. 그런 줄도 모르고 언제까지나 그렇게 빌고만 있는 것은 어리석은 일이다. 어느 것 하나 너에게 줄 복은 없지만, 너무 가엾으므로 아주 작은 것을 주겠다. 지금부터 돌아가는 길에 무엇이든 맨 처음에 손에 들어온 것을 내가 내리는 것이라 생각하고 가지고 돌아가거라." 하는 것이었습니다. 남자는 그 꿈을 관음보살의 계시로 새겨듣고서, 이제 단념하고 다음날은 교토(京都)로 돌아가기로 했습니다.

그런데 하세데라의 대문을 나서려고 할 때, 어찌된 영문인지 발

1 지금의 나라현(奈良縣)에 해당하는 지역이다.

2 나라현 사쿠라이시(櫻井市) 하쓰세(初瀨)에 위치한 진언종(眞言宗) 풍산파(豊山派)의 총본산 절이다. 이 절에 안치되어 있는 관음상이 특히 옛날부터 유명하다.

이 걸려 넘어지고 말았습니다. 일어나서 정신을 차리고 보니, 자신도 모르는 사이에 손에 볏짚 하나를 쥐고 있었습니다. 남자는 "그렇다면 이것이 꿈속에서 관음보살님이 계시를 내리신 물건인가, 참 허망하구나."라고 생각했습니다. 그렇지만 본래 믿음이 두터운 남자였기 때문에, 그 볏짚을 소중히 여기고 갖고 나왔습니다.

따뜻한 봄날이었다고 합니다. 도중에 등에 한 마리가 날아와서 얼굴 주위를 시끄럽게 날아다녔습니다. 작은 나뭇가지를 꺾어 쫓았지만, 바로 다시 날아왔습니다. 결국은 그 등에를 손으로 잡아서 마침 갖고 있던 볏짚으로 묶은 다음 나뭇가지에 매달았습니다. 등에는 묶인 채로 붕붕 나뭇가지 끝에서 날아다녔습니다. 때마침 그곳으로, 교토(京都)방향에서 멋진 우차(牛車)[3]를 타고 수많은 하인을 데리고 하세데라로 참배하러 가는 사람이 왔습니다. 그 우차 안에는 어린 남자아이와 아이의 어머니가 타고서 밖을 보고 있었습니다. 아이는 발이 드리워진 우차 안에서 이 남자가 손에 쥐고 있던 등에를 보고서, "저걸 갖고 싶어, 저걸 갖고 싶어."라고 말했습니다. 그러자 말을 탄 하인 한 명이 서둘러 이 남자 옆으로 다가와 "도련님께서 그 등에를 갖고 싶다고 하시네. 그것을 도련님께 드리지 않겠소." 하고 물었습니다. 이 남자는 "이것은 조금 전에 관음보살님께 받은 볏짚입니다만, 도련님께서 원하신다면 드리지요." 하고 건네주었습니다. 그러자 우차 안에 있던 귀부인은 매우 기뻐하며, "목이 마를 테니 드시오." 하며 탐스럽게 생긴 감귤 세 개를 새하얀 종이에 싸서 남자에게 주었습니다.

3 일본어로는 '깃샤(牛車)'라고 한다. 주로 헤이안(平安)시대 이후에 이용하기 시작하였으며 계급에 따라 타는 우차의 종류가 정해져 있었다.

여기까지 걸어오는 잠깐 동안에, 벌써 볏짚 하나가 이렇게 탐스러운 감귤이 되었습니다. 이익을 봐서 감사하게 생각하고 다시 감귤을 소중하게 손에 들고서 돌아가자니, 이번에는 길옆에 하인 두세 명을 거느리고 쉬고 있는 젊은 여자를 만났습니다. 여자는 더워서 목이 말라 아무래도 더 이상 걸을 수가 없었습니다. 그래서 남자에게 어딘가 이 근처에 물 있는 곳이 없는지를 물었습니다. 그렇지만 가까이에는 우물도 흐르는 물도 없었습니다. 여자가 너무나 괴로워 정신을 못 차릴 정도로 물을 마시고 싶어 했기에 하인들도 난처해지고 말았습니다. 남자가 "그렇다면 방금 교토의 귀부인께서 주신 귤이 여기 있습니다. 이것을 드려보면 어떨까요?" 라고 묻자, 여자는 매우 기뻐하며 바로 그 귤을 받아먹었습니다. 그리고 "아! 이 사람이 와서 귤을 주지 않았더라면, 나는 하세데라에 계신 관음보살님도 못 뵙고 길에서 죽었을지도 모른다. 무언가 답례를 해야 하지만, 여행 중이라 달리 드릴 것이 없군요. 자, 이거라도 드십시오." 하며, 준비해온 도시락을 꺼내어 남자가 충분히 먹도록 했습니다. 그러고 나서 남자가 돌아가려고 하자, "이것은 극히 보잘 것 없는 제 마음의 성의입니다." 하고 짐 가운데서 좋은 포목을 세 필 꺼내주었습니다.

남자는 받은 포목 세 필을 옆구리에 끼고서 매우 기뻐하며 다시 길을 걸어갔습니다. 그러는 동안에 점점 해 질 녘이 가까워졌습니다. 그때 건너편에서 훌륭한 말을 탄 무사 한 명이 하인을 데리고 급히 달려왔습니다. "이런 훌륭한 말도 있구나." 하고 보고 있으려니, 갑자기 그 말이 서 있는 이 남자 앞으로 와서 쓰러졌습니다. 무사는 "이거 참 곤란하게 되었군. 지금까지 아무렇지도 않았던 말이 죽고 말다니. 어쩔 수 없으니 뒤에 남아서 처리해주게나." 하고, 부하에게 말을 남기고는 서둘러 먼저 가버렸습니다. 이 무사나 하인들이나 멀리서 온 사람들로, 어떻게 할 수 없어 매우 난처했습니다. 하인들은 쓰러진 말 옆에 웅크리고 앉아 의논을 하고 있었습니다. "그럼 그 말은 내가 맡아서 처리해 드릴까요?" 하고, 가난한 남자가 하인들에게 말했습니다. "하지만 공짜로 받는 것도 미안하니 이것을 드리지요." 하고, 전에 받은 포목 세 필 중에서 한 필을 꺼내어 건넸습니다. 하인들은 얼굴을 마주 보며 안심했다는 듯이 포목을 갖고 서둘러 주인의 뒤를 쫓아갔습니다.

남자는 "관음보살님의 자비는 숨기려야 숨길 수가 없구나. 하루 동안에 볏짚이 감귤 세 개가 되고, 그 감귤이 포목 세 필이 되고, 포목은 다시 이렇게 좋은 말이 되었다. 할 수 있다면 부디 이 말을 한번 살려주십시오. 관음보살님!" 하고, 마음을 다해 빌고 있는 사이에 말이 눈을 뜨고 조금씩 움직이기 시작했습니다. 매우 기뻐하며 재갈을 잡아 말을 일으키니, 말은 일어서서 몸을 떨고 걷기 시작했습니다. 사람들이 보면 훔친 것이라고 할지도 모른다고 생각하고, 숲 그늘로 데리고 와서 나무에 묶어두고 쉬게 했습니다. 그리고 나중에 밤에 되어서야 마을로 들어가, 남은 포목 두 필로 보리와 여물, 그리고 조잡한 마구(馬具) 등을 농가에서 사 왔습니다. 그걸로 충분한 준비를 하고서, 밤중이 되어서야 그 말을 타고 숲 그늘을 벗어났습니다.

교토로 돌아온 것은 다음날 이른 아침이었습니다. 교토시내의 입구에는 큰 집이 한 채 있었는데, 오늘 멀리 이사를 가는 모양으로 짐을 싸고 사람을 부르는 등, 집안이 몹시 소란스러웠습니다.

'이럴 때는 흔히 말이 필요한 법이다. 혹시라도 이 말을 살지도 모른다.'라고 생각하고, 문 입구에 서서 "말이 필요하지 않으십니까?" 하고 물었습니다. 그러자 주인이 나와서, "이것 참 좋은 말이오. 마침 이 정도의 말을 한 필 사려고 생각하고 있었는데, 여행을 떠나는지라 돈이 넉넉하지 못하오. 이 근처에 논이 조금 있는데, 그 논을 이 말 값으로 받아주지 않겠소? 그리고 이 집도 비어있는 동안은 살 사람이 없소. 당신에게 맡겨둘 테니 우리들이 돌아올 때까지 들어와 자유롭게 살아도 괜찮소."라고 대답했습니다. 남자가 승낙하고 말을 건네주니 집주인은 기뻐하며 말을 타고, 그 날 중으로 그 집 사람들은 멀리 관동지역으로 여행을 떠났습니다.

그 남자는 이 집에 살면서 집주인에게 받은 논을 경작하여, 금세 훌륭한 농가가 되었고 해마다 살림이 늘어났습니다. 그 뒤 원래 주인은 무언가 사정이 있었던 것으로 보여, 몇 년이 지나도 돌아오지 않았습니다. 그래서 자연히 그 큰 집은 남자 것이 되었고 오래도록 자손이 번창하여, 야마토지역에 있는 하세데라의 관음보살님이 내려주신 은혜를 감사히 여겼다는 이야기입니다.

숯쟁이 고고로

옛날 옛날에 분고(豊後)[1]지역에 사는 유명한 마노(眞野) 장자는 원래 숯쟁이 고고로(炭燒小五郎)라는, 가난하지만 열심히 일하는 청년이었습니다. 미에(三重)에 있는 우치야마(內山)라는 곳에 오두막집을 짓고 혼자서 숯을 구우며 살았습니다.

이 고고로가 거처하는 작고 한적한 숯 굽는 오두막집에 교토(京都)에서 아름다운 여인이 찾아 왔습니다. 그 여인은 "저는 교토에 있는 기요미즈데라(淸水寺) 절의 관음보살의 계시를 받고, 당신에게 시집온 사람입니다. 오늘부터 이 집에서 살게 해 주십시오." 하고 말했습니다. 고고로는 "일부러 멀리 떨어진 교토에서 이곳으로 시집을 와 주시니 기쁩니다만, 이 오두막집에는 오늘밤 두 사람이 먹을 만큼의 쌀조차도 없습니다."라고 대답했습니다. "그렇다면 읍내에 나가서 그 쌀을 사오세요." 하고, 여인는 비단 주머니 안에서 금화 두 개를 꺼내 고고로에게 건네주었습니다. 고고로는 그 금화를 손에 쥐고 산을 내려가 먹을 것을 구하러 읍내로 갔습니다.

우치야마의 기슭에는 계곡물이 흐르고 있었습니다. 그 언덕에는 수양버들 숲이 우거져 있고, 그 그늘은 조용한 숲이 되어 있었

1 지금의 오이타현(大分縣)의 대부분 지역이다.

습니다. 숲 속에 있는 길을 고고로가 지나고 있을 때, 원앙 두 마리가 연못 위에서 노닐고 있었습니다. 고고로는 그것을 발견하고 멈춰 서서, 손에 쥐고 있던 금화 두 개를 돌멩이 삼아서 그 새를 맞혔습니다. 잘 겨누어 맞혔지만 원앙은 날아가 도망가고, 금화는 두 개 다 물속으로 가라앉고 말았습니다. 그래서 하는 수 없이 다시 산속 오두막집으로 돌아왔습니다. 고고로는 아내에게 "방금 마을로 가는 도중에 물새들을 발견하고 잡아다가 주려고 했는데 맞히지 못했다오."라고 말했습니다.

아내는 그 말을 듣고 깜짝 놀랐습니다. "그것은 소중한 이 세상의 보물로 금화라고 하는 것입니다. 그것만 있으면 많은 쌀과 고기를 살 수 있는데, 애석한 일을 하셨군요."라고 말했습니다. 그러자 고고로는 그 사실을 비로소 알고 깜짝 놀랐습니다. "그 돌이 그렇게 귀중한 이 세상의 보물이라는 사실을 조금도 몰랐소. 그것이라면 이 집 뒷산에 얼마든지 같은 돌들이 굴러다니고 있소." 하고 말하므로, 이내 둘이서 횃불을 켜고 보러 갔습니다.

그러자 과연 고고로가 말한 것처럼 골짜기에 널린 돌들은 모두 순금이었습니다. 그것을 주워 와서 오두막집 안으로 옮겨놓자, 금세 숯 굽는 오두막집에 가득 찼으므로, 그 나머지는 오두막집 밖에 쌓아 두었습니다. 읍내나 마을 사람들은 그 이야기를 듣고서, 서로 여러 가지 물건을 팔러 왔습니다. 그리고 황금을 나눠 받기 위하여 모두가 고고로 부부를 위해 일해 주었습니다.

그래서 미에지역의 우치야마에는 커다란 저택을 짓고, 또 관음보살을 모신 법당을 세워서 공양을 드렸습니다. 오슈(奥州)에 사는 단부리 장자(だんぶり長者)와 마찬가지로, 부부 사이에 옥(玉)처럼

아름다운 딸이 태어나 나중에 교토로 올라가 왕비가 되고, 집안은 갈수록 더 번창하였습니다. 고고로는 원래가 숯쟁이였기 때문에 사람들이 그래서 숯쟁이 장자라고 불렀습니다.

이십기 들판

옛날에 고슈(甲州)[1]지역에 있는 니시야마(西山)라는 곳에 집이 부유하고 번창한 장자(長者) 한 사람이 살았습니다. 많은 논과 밭을 하인들에게 갈게 하였고, 넓은 숲과 들판을 갖고 있었기에 사냥 같은 걸 하면서 나날을 보내고 있었습니다. 이들 부부에게는 아들이 열 명 있었습니다. 그 아들들이 모두 장성하여 하나같이 늠름하고 멋진 젊은이가 되었습니다. 어느 날 그 형제 열 명은 들판에 나가 활을 쏘면서 사이좋게 놀았습니다. 장자 부부도 같이 나갔습니다. 관람석을 높게 만들어서 그 위에 앉아서 구경을 했습니다. 아들들은 화려한 나들이옷을 입고, 갈색, 검정색, 적갈색 등 여러 종류의 말을 타고 나왔습니다. 그리고 자유자재로 들판을 뛰어다니며, 각자 있는 힘껏 부모님께 활 재주를 보였습니다.

장자는 이 모습을 보고 매우 기뻐하면서, 곁에 있는 자기 부인에게 말을 걸었습니다. "보배 같은 자식 열 명은 결코 적다할 수 없을 것이오. 그러나 만약 이 애들 말고도 남자아이 열 명이 더 있어서, 그 애들이 이렇게 다 같이 같은 들에서 활을 쏘며 논다면, 얼마나 믿음직스럽고 즐겁겠소."라고 했습니다. 그러자 장자의 부

1 지금의 야마나시현(山梨縣) 지역이다.

인은 그 말을 듣고서 "그렇다면 사실을 털어놓지요. 실은 이 애들이 태어날 때에 어느 애나 전부 쌍둥이로 태어났답니다. 너무 많다고 생각해서 사양하는 마음으로, 지금까지 다른 곳에서 길러 두었던 것입니다. 즉시 불러오도록 할 테니 만나주십시오."라고 하고서는 급히 서둘러서 심부름을 보냈습니다.

잠시 기다리자 이 들판의 건너편 끝에서 젊은 무사 열 명이, 그것도 전부 좋은 말을 타고선 꽃처럼 형형색색으로 물들인 사냥옷을 입고 화살을 등에 매고 활을 손에 들고서 나타났습니다. 그리고 부자 앞에 와서 절을 하였습니다. 전부 남자답고 늠름한 젊은이들뿐이었습니다. 그들은 이전의 형제 열 명과 한데 섞여 이 넓은 들판을 종횡무진하며 말을 타고 활을 쏘면서 해가 질 때까지 재미있게 놀았다고 합니다.

그 장자의 집은 오랜 세월이 흐르는 동안에 이제 없어져 버렸습니다. 그리고 그 집이 있던 곳은 산과 들이 되었습니다. 그러나 장자의 아들 스무 명이 늘 같이 나가서 놀았던 들판은, 이십기 들판(二十騎が原)이라고 해서, 오랜 뒤까지 이름이 남아있었습니다. 또 거기서 조금 떨어진 작은 산기슭에는 아카고 늪(赤子澤)라는 곳도 있었습니다. 장자의 부인이 집을 짓고 다른 한쪽 열 명을 키웠던 골짜기라서 아카고 늪이라 부른다고 하는 사람도 있습니다.

장자의 보물 겨루기

옛날에 히고(肥後)[1]지역의 기쿠이케(菊池)에 있는 요나바루(米原) 장자(長者)와 야마모토군(山本郡)에 있는 다노하라(駄原) 장자가, 보물 겨루기를 한 적이 있었다고 합니다. 요나바루 장자는 자신이 사는 요나바루 마을에서 야마가(山鹿)의 모카노우라(茂賀浦)에 있는 사카구치(阪口)라는 곳까지, 삼 리(里)나 되는 길에 황금으로 된 징검돌을 깔고서 그것을 밟고 나왔습니다. 다노하라 장자는 아무것도 지니지 않은 채 남자아이 스물네 명을 데리고 나왔습니다. 요나바루 장자에게는 자식이 한 명도 없었기 때문에 그 애들을 보고 부럽다고 말했습니다. 그 뒤부터 그 고개를 우라야마(浦山)[2] 고개라고 부르게 되었다고 합니다.

1 일본의 옛 지명이다. 지금의 구마모토현(熊本縣)이 이에 해당한다.

2 일본어로 '우라야마시이(うらやましい)'는 '부럽다'는 뜻이다.

아이즈지역의 학 무덤

옛날에 오슈(奧州)[1]에 있는 아이즈(會津)지역에 쓰네야스(常安)라고 하는 장자(長者)가 살았습니다. 이 장자는 몇 백인지 셀 수도 없는 정도로 많은 창고를 갖고 있어, 그 창고에 금은, 쌀, 그 밖에 여러 가지 보물을 가득 쌓아두고 있었습니다. 그렇지만 자식이 한 명도 없어서 그 재산으로 자식을 기쁘게 해 줄 수가 없었습니다. 너무 쓸쓸하여 어쩔 수 없이 학을 기르며 자식처럼 귀여워했습니다. 학은 장수하는 새이기 때문에 오래도록 본인의 자취가 남을 것으로 생각하고, 학을 자식 대신에 기르고 있었습니다. 그런데 무슨 까닭인지 학이 그만 죽고 말았습니다. 그들 부부는 매우 낙심하고, 학을 위해서 커다란 무덤을 쌓았습니다. 그 무덤을 학무덤(鶴塚)이라 하는데 지금도 남아있습니다. 장자가 살던 집의 자취는 이제 어딘지 알 수 없게 되어버렸습니다.

1 일본의 옛 지명이다. 지금의 후쿠시마현(福島縣), 미야기현(宮城縣), 이와테현(岩手縣), 아오모리현(青森縣)과 아키타현(秋田縣)의 일부가 이에 해당된다.

고야마 연못

옛날 옛날에 이나바(因幡)[1]지역에 사는 고야마(湖山) 장자는 천 정보(町步)나 되는 논을 가진 대단한 지주였습니다. 매년 오월 모내기를 하는 날에는 몇천 명이나 되는 모내기하는 처녀를 부려 하루 동안에 천 정보나 되는 논의 모를 심는 일이 옛날부터 장자 집안의 관습이 되어 있었습니다. 그런데 어느 해 모내기하는 날에 이상한 일이 생겨서 도저히 해질 무렵까지 천 정보의 논에 모를 심는 것이 어렵게 되었습니다. 그 이상한 일이란 대강 이런 것입니다.

그 날도 예년과 같이 아침 일찍부터 모내기하는 젊은 처녀들이 논에 들어가서, 여느 때의 고운 목소리로 모내기 노래를 부르며 즐겁게 모를 심고 있었습니다. 그런데 어느 산에서 내려왔는지 커다란 암컷 원숭이 한 마리가 새끼 원숭이를 등에 거꾸로 업은 채 그 넓은 논 에 난 두둑을 지나갔습니다. 손에 모를 든 몇백 명의 남자, 모내기하는 몇천 명의 처녀들은 같이 뒤돌아보며 이 이상한 원숭이 모자(母子)의 모습을 쳐다보았습니다. 아주 잠깐 동안 서서 보고 있었습니다만, 어쨌든 이 많은 일꾼들이 빠짐없이 모두 다

1 지금의 돗토리현(鳥取縣) 동부지역이다.

손을 놓고 쉬었기 때문에 일이 매우 늦어져 버렸습니다. 해가 벌써 서쪽 봉우리로 기울었지만 아직 넓디넓은 논바닥에 모를 심지 않은 곳이 남아 있었습니다. 해지기 전에 모내기를 마치는 것이 아무래도 힘들어졌습니다.

고야마 장자는 높은 곳에서 그 모습을 보고서 "우리 집안은 옛날부터 어느 모내기 때라도 이 논에 하루에 모를 다 심지 못한 적이 한번도 없었다. 올해만 논에 모를 심는 데에 이틀이 걸린다는 것은 있을 수가 없다. 만약 생각한 것이 무엇이든 마음대로 이루어지는 것이 장자라고 한다면 오늘은 저물어가는 해를 꼭 멈추게 하겠다." 하고서, 황금을 붙인 부채를 쫙 펴서 석양을 향해 "돌아와, 돌아와." 하고 세 번 외쳤습니다.

그러자 과연 장자의 생각대로 서산으로 넘어 가던 해가 장대 세 개의 길이만큼 세 번 돌아왔습니다. 천 정보의 논에 모를 심는 일은 그 햇빛 아래 이 날도 순조롭게 끝냈다고 합니다. 그러나 이 같은 행동을 해서 스스로 장자의 위세를 시험하는 것은 불경스러운 행동이었기 때문에 곧 천벌을 받았습니다. 장자의 행운은 이때를 절정으로 하여, 그 뒤 차츰 내리막길로 접어들었습니다. 지금은 자손이 모두 죽어 대가 끊기고, 어느 곳에 장자의 집이 있었는지도 이미 찾아볼 수 없게 되었습니다. 혹은 대지진이 일어나 망했다고 말하기도 합니다만, 천 정보나 되는 장자의 논은 어느 틈에 커다란 호수가 되었습니다. 차창 밖으로 잘 보이는 '고야마의 연못'이라 부르는 넓고 아름다운 호수는, 옛날에 고야마 장자가 지는 해를 다시 불러낸 논의 터라는 이야기가 전해지고 있습니다.

_이나바(因幡)지역 게다카군(氣高郡)

매화나무 저택

옛날에 오슈(奥州)[1]지역에 있는 나메시다(滑志田) 마을에 스케우에몬(助右衛門)이라는 장자 한 사람이 살았습니다. 이 장자의 집에는 조상 대대로 내려오는 전언(傳言)이 있었습니다. 아무리 가난해져서 저택을 팔 일이 생겨도 앞뜰에 있는 매화나무만은 팔아서는 안 된다는 것이었습니다. 반드시 나무를 파내서 어딘가로 갖고 가서 심도록 하는 엄한 훈계가 있었습니다.

그런데 설마 가난해질 일은 없을 것으로 생각했던 스케우에몬의 집안이 점점 몰락해서, 아무래도 저택을 팔아야만 하게 되었습니다. 그래도 집주인은 조상의 훈계를 잊지 않고 늙은 매화나무를 파내서, 이웃에 있는 작은 집으로 옮겨 심으려고 했습니다. 그런데 갑자기 괭이 끝에 쨍하고 크고 오래된 항아리가 부딪쳤습니다. 뚜껑을 열자 그 속에서 오반(大判)[2]이라는 금화가 산더미만큼 나왔습니다. 집안사람들은 크게 기뻐하며 즉시 그 금화를 꺼내어 빌린 돈을 갚았습니다. 저택을 팔지 않게 되었을 뿐만 아니

1 일본의 옛 지명이다. 지금의 후쿠시마현(福島縣), 미야기현(宮城縣), 이와테현(岩手縣), 아오모리현(青森縣)과 아키타현(秋田縣)의 일부가 이에 해당된다.

2 무로마치(室町)시대부터 에도(江戸)시대 말기에 걸쳐 사용되던 금화·은화의 일종으로 타원형으로 되어 있다.

라, 전보다도 더 훌륭한 저택을 세우고 본래의 장자가 되어 번창하게 되었습니다.

그런데 공교롭게도 이 스케우에몬의 저택에는 아직 몇 그루나 되는 늙은 매화나무가 있었습니다. 자손들은 그 나무 밑에서 황금이 든 항아리가 나왔다는 이야기를 잘 기억하고 있었던지라 안심하고 사치스러운 생활을 했기 때문에 얼마 지나지 않아 또 가난해지기 시작했습니다. 그래서 급히 서둘러서 다른 매화나무의 밑동을 한 그루 한 그루 파 보았습니다. 그렇지만 이번에는 어느 나무에서도 황금이 나오지 않았습니다. 결국 나중에는 집도 매화나무도 모두 없어지고, 지금은 그 저택이 있던 터라고 하는 큰 밭을 사람들이 언제까지나 매화나무 저택이라 부르고 있을 뿐이라는 이야기가 있습니다.

본전 찾은 산

옛날 옛날에 엣추(越中)[1]지역에 있는 도나미군(礪波郡)의 산속에 얼마나 깊은지도 알 수 없는 동굴이 있었습니다. 산기슭 마을에 사는 사람들은 언제든지 이 동굴 입구에 와서 집에서 필요한 밥상이나 밥그릇을 빌리러 왔다고 합니다. 예를 들면, 내일은 손님이 오는데 집에 있는 도구만으로는 부족할 때에는 전날 밤에 이 동굴에 와서 부탁했습니다. "저는 마을에 사는 사에몬(左衛門)이라고 합니다. 내일은 이러이러한 일로 손님이 오는데, 밥상과 밥그릇이 부족합니다. 부디 열 명분만 빌려주십시오." 하고 돌아간 다음날 아침 일찍 다시 동굴로 가서 보면, 고급스런 그릇이 부탁해둔 수만큼 마련되어 반드시 동굴 입구에 놓여 있었다고 합니다. 그것들을 사용한 뒤에 잘 씻고 닦아 다음날 같은 장소로 가지고 가서 "감사합니다." 하고 인사를 하고 돌아가면, 어느 틈엔가 그것들이 치워지고 없었다고 합니다. 누가 빌려주는 것인지 보았다는 사람은 한 명도 없었습니다.

빨간색이나 파란색으로 옻칠을 한 아주 아름다운 밥상과 밥그릇이었다고 합니다. 그런데 어떤 욕심 많은 농사꾼이 이 그릇을

1 지금의 도야마현(富山縣) 지역이다.

빌려가놓고 너무 갖고 싶어서 다시 돌려주지 않으려 했습니다. 재촉하러 오는 사람이 없다는 사실을 알고 있었기 때문에 아무렇지도 않게 언제까지나 그것을 사용했습니다. 그 다음부터 이제 동굴 앞에서 아무리 부탁을 해도, 결코 도구 종류를 빌릴 수 없게 되었습니다. 이는 당연한 일이었습니다. 그러나 그 정직하지 못한 농사꾼에게는 별 다른 벌도 없었습니다. 그리하여 농사꾼 부부 둘이서 일을 하여 조금씩 집이 부자가 됐을 뿐만 아니라, 부부에게 아이가 없는 것을 쓸쓸하게 여기던 차에 사내아이까지 한 명 태어나 부부는 크게 기뻐하였습니다.

다만 공교롭게도 어렵게 태어난 외아들은 다섯 살이 되어도 여섯 살이 되어도 아직 일어서서 걸을 수가 없었습니다. "이제 걷겠지." 하고 기다리는 동안에 드디어 열 살이 되었습니다. 가을에 벼베기를 끝내고 그것을 집으로 가지고 와서 앞뜰에서 열심히 벼를 찧은 다음 가마니에 넣어 두었습니다. 그러자 이제껏 일어서지 못했던 사내아이가 집안에서 기어 나와 그 근처를 돌아다니며 놀고 있었습니다. 그러던 중에 갑자기 뜰 앞에 굴러다니던 두 개의 가마니 사이로 들어가서 양손으로 가마니를 붙잡고 처음으로 일어섰습니다. 부모가 "야! 섰다." 하면서 손뼉을 치고 크게 기뻐하며 보고 있는데, 사내아이는 가마니를 양손으로 쥔 채, 어찌된 셈인지 이제껏 일어설 수조차 없었던 녀석이 부리나케 걸어가기 시작하는 게 아니겠습니까.

부부도 처음에는 그저 이상하게 생각하며 보고만 있었는데, 너무 갑자기 다리가 튼튼해지고 가마니를 든 채로 집밖으로 나갔기 때문에 깜짝 놀라 그 뒤를 쫓아갔습니다. 그러나 걸음걸이가 빨라서 도저히 따라잡을 수가 없었습니다. 그렇게 보고 있는 사이에 점점 멀리 산길을 올라가, 마침내 이전에 밥상과 밥그릇을 빌려주었던 동굴 안으로 성큼성큼 들어가 버렸습니다. 아버지도 부랴부랴 뒤를 쫓아와 그 동굴 입구까지 와서 안을 엿보았습니다. 그렇지만 동굴 안은 아주 캄캄해서 아무것도 보이지 않고, 또 무서워서 들어가 볼 수가 없었습니다. 어쩔 수 없이 망연자실하여 거기서 있으려니, 동굴 맨 안쪽에서 이야기 소리가 들려왔습니다. "겨우 쌀 두 가마니만 갖고 왔다. 이걸로 본전은 건졌구나." 하고 누군가가 큰 소리로 말하는 것이 들렸다고 합니다.

이 이야기는 이걸로 끝입니다. 그 다음부터 이 동굴이 있는 산 이름을 '본전 찾은 산(本取り山)'이라 부르게 되었다고 합니다.

휘파람새 아씨

옛날 옛날에 스루가(駿河)[1]지역에 한 노인이 살았습니다.[2] 산에서 대나무를 베어 와서 여러 가지 도구를 만들고, 그것을 팔아서 생계를 꾸려가고 있었기 때문에 '대나무 베는 영감님(竹取りの翁)'이라 부르고, 또한 오래된 책에는 '키 만드는 영감님(箕作りの翁)'이라고도 적혀 있습니다.

이 키 만드는 영감님이 어느 날 대나무 숲에 들어가, 둥지 안에 들어있는 휘파람새 알 중에서 특히 하나가 유난히 반짝거리며 빛나고 있는 것을 발견했습니다. 그것을 소중하게 집으로 가지고 와서 놔두었습니다. 그러자 알에서 저절로 껍질이 깨지고 그 속에서 매우 작고 아름다운 여자아이가 태어났습니다. 휘파람새의 알에서 태어났으므로 '휘파람새 아씨(鶯姬)'라고 이름을 짓고, 자신의 자식으로 삼아 길렀습니다.

휘파람새 아씨는 점점 자라나서 나중에는 다시 없을 만큼 아름다운 여자가 되었습니다. 눈부시게 빛난다는 뜻으로 이름을 또 '가

1 일본의 옛 지명이다. 지금의 시즈오카현(靜岡縣) 중앙부에 해당한다.

2 이 이야기는 헤이안(平安)시대 초기에 성립한 『다케토리 모노가타리(竹取物語)』와 내용이 매우 유사하다. '모노가타리'란 지금의 소설에 해당하는 문학 장르이다.

구야 아씨(かぐや姫)'[3]라고도 불렀습니다. 키 만드는 영감님이 베어온 대나무의 마디 속에는 항상 황금이 가득 차 있어, 원래는 가난했던 노인이 순식간에 대단한 장자(長者)가 되었습니다. 그 장자의 아름다운 아씨가 있는 곳으로, 노인의 사위가 되고 싶어 하는 여러 사람들이 아름다운 아씨가 있는 노인의 집으로 찾아왔습니다. 그렇지만 늘 장자 부녀가 내는 어려운 문제에 대답을 하지 못하고 난처해하며 그냥 돌아갔습니다.

때 마침 천자(天子)께서 가구야 아씨가 눈부실 정도로 아름다운 미인이라는 이야기를 듣고 사냥을 나온 길에 스가루지역까지 가구야 아씨를 보러 왔습니다. 보고서는 교토(京都)로 가서 왕비가 되어달라고 청하였습니다. 그럼에도 가구야 아씨는 생각한 바가 있으니 사양하겠다고 아뢰었습니다.

그 해 가을의 팔월 십오일 밤, 맑은 달빛이 하늘 가득히 비추고 있을 때 새하얀 구름이 마중 나와서 가구야 아씨 부녀를 태우고 후지산(富士山) 위에서 하늘로 올라가 버렸다고 합니다. 그 때 이 노래 한 수를 곁들여 천자께 불사약을 바쳤다고 합니다.

> 이젠 천상의 날개옷을 입어야 할 때구나, 그대를 애처롭게 생각하며 떠나가도다.

천자께서는 이 와카(和歌)[4]를 보고 크게 슬퍼하였다고 합니다. 그리하여 불사약도 필요가 없다고 말씀하시고 하늘에 가장 가까

---

[3] 참고로 『다케토리 모노가타리』에도 같은 이름의 여주인공이 등장한다.

[4] 일본 고유의 정형시이다. 좁은 의미로는 서른한 자로 된 단가(短歌)를 가리킨다.

운 후지산 위로 갖고 가서 그것을 태워서 버리도록 명하였습니다. 그 후로 오랜 후까지 '후지산의 연기'라고 해서, 항상 이 산의 정상에서 연기가 피어오르고 있는 것은 그 약을 태워서 버린 연기가 영원히 남아있기 때문이라고 전해지고 있습니다.

오이 아씨

옛날 옛날에 할아버지와 할머니가 살았습니다. 할아버지는 산에 가서 나무를 하고 할머니는 냇가에 가서 빨래를 했습니다. 어느 날 여느 때처럼 할머니가 냇가에 갔는데, 냇가 위쪽에서 오이 하나가 떠내려 왔습니다. 그것을 주워와서 할아버지와 함께 갈라보니 그 안에서 아주 작고 귀여운 여자아이가 나왔습니다. 오이 속에서 태어났기 때문에 오이 아씨(瓜子姬)라고 이름을 짓고 애지중지 길렀습니다. 점점 자라서 나중에 참한 여자가 되어 매일매일 베를 짰습니다. 할아버지와 할머니는 올해 진주(鎭守)[1]님께 올리는 마쓰리(祭)에는 아이를 데리고 참배하러 가야겠다고 생각하고, 가마를 사러 함께 읍내로 나갔습니다.

할아버지와 할머니가 집을 비운 사이에 오이 아씨는 문을 꼭 닫고 안에서 베를 짜고 있었습니다. 그런데 아마노자쿠(あまのじゃく)가 찾아와서 꾸며낸 목소리로 "이 문을 조금만 열어주렴." 하고 말했습니다. 오이 아씨가 깜박 잊고 문을 조금 열어주자, 아마노자쿠가 무섭게 생긴 손을 넣어 문을 활짝 열었습니다. 아마노자쿠는 "뒤뜰에 열린 감을 따 줄게요. 오이 아씨!" 하고서 오이 아씨를 집

1 그 지역을 수호하는 지역신을 가리키는 말이다.

뒤에 있는 밭으로 데리고 나가 알몸으로 만들어 감나무에 묶었습니다. 그러고 나서 아마노자쿠는 오이 아씨의 옷을 입고 아씨로 둔갑하고는 아무 일도 없었던 것처럼 베를 짜고 있었습니다.

그 때, 할아버지와 할머니가 읍내에서 가마를 사서 돌아왔습니다. "자! 자! 가마를 타보렴." 하고서, 아마노자쿠를 가마에 태우고 진주(鎭守)님께 참배하러 가려고 했습니다. 뒤뜰의 감나무 그늘에서 진짜 오이 아씨가 "저를 태우지 않고, 흑흑……. 아마노자쿠만 가마에 태우다니……. 흑흑……." 하고 큰 소리로 울었습니다. 할아버지와 할머니는 그 소리를 듣고 깜짝 놀라 되돌아왔고 할아버지가 낫을 치켜들어 아마노자쿠의 머리를 베어 수수밭에 버려버렸습니다. 수수줄기가 가을에 빨갛게 물드는 것은 아마노자쿠의 피가 물들었기 때문이라고 합니다.

_이즈모(出雲)지역

고메부쿠로와 아와부쿠로

옛날 옛날에 어느 곳에 언니와 동생이 둘이서 살고 있었습니다. 언니의 이름은 고메부쿠로(米囊)로 돌아가신 어머니의 딸이고, 동생의 이름은 아와부쿠로(粟囊)로 지금의 계모의 딸이었습니다. 계모는 늘 언니인 고메부쿠로를 미워하며 못살게 굴었습니다.

어느 날 마을 처녀들과 함께 두 사람이 산으로 밤을 주우러 가는데, 계모가 언니에게는 밑이 썩은 오래된 자루를 들려주고, 동생에게는 새 자루를 들려서 보냈습니다. 이미 해 질 녘이 되어 모두들 "자, 밤을 가득 주웠으니 돌아가자."라고 말했지만, 고메부쿠로의 자루만 밑이 터져 있었으므로 아무리 밤을 주어도 자루가 차지 않았습니다. 친구들은 모두 돌아가 버리고 고메부쿠로 혼자만 산중에 남게 되었습니다. 배가 너무 고파 견딜 수가 없어서 골짜기에 내려가 물을 마시고 있으려니, 희고 아름다운 작은 새 한 마리가 날아 왔습니다. 그 새는 "사랑스런 딸아, 나는 원래 네 엄마였단다. 너는 온순해서 지금의 어머니를 잘 모시고 있구나. 그 상으로 이 옷을 주겠다. 평소에는 땅속에 숨겨 두었다가, 무슨 일이 있을 때에 꺼내서 나들이옷으로 입는 것이 좋겠구나."라고 했습니다. 그리고 거기다 접시꽃 피리와 새 자루를 더해서 고메부쿠로에게 주었습니다. 새 자루를 받았으므로 자루에는 금방 밤이 가득 찼습니다. 밤이 되어 그것을 등에 지고 집으로 돌아왔습니다.

그로부터 또 사오일이 지나 이웃마을에서 마쓰리(祭)가 열렸습니다. 계모는 아와부쿠로에게 좋은 옷을 입혀 마쓰리를 보러 나갔습니다. 언니인 고메부쿠로도 가보고 싶다고 하자, 계모는 "너는 삼베 세 필을 짜고, 그것이 끝나면 와도 좋다."라고 말했습니다. 그래서 열심히 베를 짜고 있으려니, 많은 친구들이 같이 가자며 찾아왔습니다. 고메부쿠로가 "나는 어머니가 이 일을 시키셨기 때문에 갈 수 없어."라고 하자, 친구들이 불쌍히 여겨 도와주었습니다. 그래서 생각보다 일이 빨리 끝났습니다. 일이 끝나자 흰 작은 새에게 받은 옷을 꺼내서 예쁘게 단장을 하고 친구들과 함께 나갔습니다. 길을 걸으면서 접시꽃 피리를 불었더니,

> 이 피리 소리를 들은 자는
> 하늘을 나는 새는 날갯짓을 멈추고 들어라.
> 땅을 기는 벌레는 발을 멈추고 들어라.

하는 소리가 울렸다고 합니다.

이웃마을 신사로 참배하러 가서 보니, 동생 아와부쿠로는 어머니와 함께 인형춤을 보고 있었습니다. 고메부쿠로가 만두피를 몰래 동생에게 던졌더니 동생 볼에 맞았습니다. "어! 언니가 저쪽에서 나한테 만두피를 던졌어요."라고 말하자, 계모는 "그럴 리가 없어. 고메부쿠로에게 일을 시켜놓았는데, 어떻게 벌써 올 수 있겠니?"라며 그 사실을 믿지 않았습니다. 그러고 나서 또 조금 지나

동생이 다른 쪽을 보고 있을 때, 이번에는 사탕을 싼 대나무 껍질을 던져 보았습니다. 그것도 동생이 일러 바쳤지만 계모는 믿지 않았습니다. "그건 누군가 닮은 사람이겠지. 누가 또 뭘 던지거든 옆으로 피하려무나."라고 했습니다. 그러는 동안에 계모와 동생이 집으로 돌아갈 듯이 보이자, 고메부쿠로는 서둘러 먼저 집으로 돌아와 옷을 갈아입고 모르는 척하며 기다리고 있었습니다.

그 다음날 이웃마을 사람이 고메부쿠로를 며느리로 삼고 싶다며 찾아왔습니다. 계모가 동생을 며느리로 삼으라고 하자, 그럼 두 사람의 용모를 겨루어서 아름다운 쪽으로 정하기로 하였습니다. 둘이 화장을 하면서 머리에는 무엇을 바를지 물어보자, 계모는 동생에게 "선반에서 기름을 가지고 와서 바르거라." 하고, 언니에게는 "설거지대에 있는 물이라도 바르거라."라고 했습니다. 아와부쿠로의 머리는 곱슬머리여서 머리카락이 빗에 걸려 소리가 났지만, 계모는 이를 거문고나 샤미센(三味線)[1] 소리 같다고 칭찬하고, 고메부쿠로의 머리카락이 부드럽고 숱이 많아 빗질을 하면 부드러운 소리가 나는 것을 보고 마치 뱀이 구멍으로 들어가는 것 같은 소리라고 욕했습니다.

그렇지만 머리를 땋아놓고 보자, 누가 보아도 언니가 훨씬 아름다웠으므로 마침내 언니가 신부로 가게 되었습니다. 동생인 아와부쿠로는 이 모습을 보고 부러워 견딜 수가 없었습니다. 그래서 "나도 저렇게 훌륭한 가마를 타고 시집가고 싶어요." 하며 어머니를 졸라댔습니다. 어머니는 하는 수 없이 짐수레에 동생을 태우고,

1 일본 전통 현악기의 한 종류로 몸체에는 주로 고양이 가죽을 붙인다.

"색시 필요 없어요? 색시 필요 없어요?" 하고 큰소리로 외치며 돌아다니다가, 수레가 구르는 바람에 딸은 논으로 떨어져 우렁이가 되고 못된 계모는 제방으로 떨어져 조개가 되고 말았다고 합니다.

_쓰가루(津輕)지역 나나쓰이시(七つ石)

야마우바의 보물 도롱이

옛날 옛날에 어느 산간지역의 시골에 아름다운 여인이 한 명 살았습니다. 어느 봄날에 마을 사람들과 산으로 놀러갔다가 길을 잘못 들어서서, 혼자서 먼 곳으로 가게 되어 돌아갈 수가 없게 되었습니다. 그러는 사이에 날이 점점 저물어서 어디로 가야 좋을지를 생각하며 난처해하고 있었습니다. 그러자 건너편에 단 한 개의 불빛이 보여서, 매우 기뻐하며 찾아가 보았습니다. 그 곳은 야마우바(山姥)가 사는 집으로, 야마우바가 혼자서 화로에서 불을 쬐고 있었습니다. 야마우바는 "모처럼 찾아와 주었지만 여기는 사람을 잡아먹는 자가 사는 집이므로 묵게 할 수가 없소. 보통 인간이 사는 집을 찾는 편이 나을 거요."라고 했습니다. 여인은 이 말을 듣고 오싹했지만 "이제 잡아먹혀도 상관없으니, 제발 묵게 해 주세요. 어차피 오늘 같이 어두운 밤에 산속을 걷고 있으면 곰이나 이리에게 잡아먹힐 게 뻔합니다. 그보다는 여기서 잡아먹히는 편이 더 나아요."라고 말했습니다.

야마우바도 그 말을 듣고 불쌍하게 여겼습니다. "그러면 소중한 내 보물이지만, 보물 도롱이라는 것을 줄 테니, 이것을 뒤집어쓰고 좀 더 앞으로 가는 편이 좋을 거야. 이 도롱이를 쓰고 세 번 격

식대로 주문을 외면, 노인이든 어린아이든 자신이 생각한 모습으로 될 수 있어. 또한 갖고 싶은 물건이 있을 때 이 도롱이를 들고 흔들면 무엇이든 나오지." 하고, 말끔한 도롱이 한 장을 주며 사용법을 가르쳐 주었습니다. 여인은 기뻐하며 그 도롱이를 받아서 바로 아주 쇠약한 노파의 모습으로 변신하여 야마우바의 집에서 나왔습니다. 가는 도중에는 무서운 오니(鬼)들이 모여 숨어서 기다리고 있는 곳도 있었습니다. "어! 사람이 지나간다. 잡아먹을까?" 하는 오니가 있자, 다른 오니들이 "그만둬, 그만둬! 저런 초라하고 깡마른 노파는 잡아먹어도 별거 없어!" 하며 말렸습니다. 그리하여 이윽고 날이 샐 무렵에 모르는 마을로 나와서 어느 장자(長者)의 집 문 앞에 섰습니다. "저는 갈 곳도 없는 사람입니다. 어디 구석이라도 좋으니 머물게 해 주십시오."라고 청하자, 정 많은 장자는 "그렇다면 나가야(長屋)[1]에서 비어 있는 곳에 머물러도 좋소." 하고 허락해 주었습니다.

그래서 여인은 나가야에 머물면서 낮에는 실을 자아내며 지내고 밤에는 아무도 몰래 원래의 낭자 모습으로 돌아가 공부를 하였습니다. 어느 날 밤늦게 장자의 아들이 밖에 나와 보니, 나가야에 불빛 하나가 보여서 몰래 들여다보았습니다. 그랬더니 아름다운 여인 한 명이 조용히 공부를 하고 있었습니다. 장자의 아들은 "어떻게 해서든 저 여인을 아내로 맞이하고 싶구나!" 생각하고, 다음 날 집안을 찾아보았습니다. 그렇지만 이미 그런 여자는 어디에도 없었습니다. "이상한 일도 다 있구나."라고 생각하고 있던 차에, 이

1 한 용마루 밑에 칸을 막아서 여러 집이 살 수 있도록 길게 지은 집이다.

번에는 하인이 우연히 여인의 모습을 발견하고, 요괴일지도 모른다고 생각하여 그 사실을 장자에게 알렸습니다. 그리하여 즉시 그 노파를 불러와서 증거를 보이며 추궁하자, 여인은 이제 어쩔 수가 없어서 야마우바에게 받은 보물 도롱이에 관한 이야기를 했습니다. 그리고 그 도롱이를 벗어 원래의 모습으로 되돌아와, 자신이 사는 집이 있는 곳을 자세히 설명하고, "부디 저희 집에 알려주세요." 하고 부탁했습니다. 장자가 힘을 써 찾아본 끝에 이윽고 여인의 집을 알게 되었습니다. 여인의 집에서는 딸이 이미 죽었다고 생각하고, 제사를 지내고 있었다고 합니다. 딸을 돌려 보내주자 여인의 집에서는 매우 놀라며 기뻐하였습니다. 그로부터 얼마 후, 그 여인을 장자의 집에서 며느리로 맞이하게 되어, 집안 모두 사이좋게 잘 살았다고 합니다. 경사 났네! 경사 났어!

_가이(甲斐)지역

조왕신의 기원

옛날 옛날에 어느 마을에 한 농사꾼이 살았습니다. 여행을 갔다가 돌아오는 도중에 밤이 되자 소나기가 내려서, 잠시 길가의 도로쿠진(道祿神)[1]을 모신 숲 그늘에서 비를 피하고 있었습니다. 그러자 그 숲 앞으로 말을 타고 지나가는 사람이 있어, 어두운 곳에서 말을 걸었습니다. "도로쿠진 계십니까? 오늘밤은 어떤 마을에 출산이 두 번 있습니다. 이제부터 함께 태어날 아기의 운명을 정하러 갑시다." 했습니다. 그러자 숲 속에서 "모처럼 권해 주셨는데, 지금은 마침 비를 피하는 손님이 있어 자리를 비울 수 없으니 잘 부탁합니다." 하는 대답이 들렸습니다. 말을 탄 사람은 "그렇다면 혼자 다녀오겠습니다." 했고, 말 발굽소리가 멀어져 갔습니다. 그 '어떤 마을'이란 자신이 사는 마을이었기 때문에, '이거 이상한 일이구나.' 하고 정신을 가다듬고 있었습니다. 얼마 후에 말을 탄 사람이 돌아와서, 또 앞쪽 길에서 말을 걸어왔습니다. "본가(本家) 쪽은 남자아이고, 분가(分家) 쪽은 여자아이가 태어났습니다. 여자아이는 복이 있고 남자아이는 복이 없습니다. 이 아이들이 부부가

1 일반적으로 도소진(道祖神)이라 부른다. 길에서 악령을 막아주며 지나가는 행인을 지켜준다는 신이다.

되면, 아내의 운으로 잘 살 것입니다."라고 했습니다.

그 농사꾼은 뜻밖에도 오늘 태어난 갓난아이들의 운명이 정해지는 이야기를 엿듣고, 서둘러 마을로 돌아가 보았습니다. 그랬더니 마침 자기 집에 남자아이가 태어났고, 이웃에 사는 분가에서는 여자아이가 태어났기 때문에 너무나 놀랐습니다. 그래서 재빨리 의논하여 앞으로 이웃끼리 혼인하자는 약속을 했습니다. 두 사람이 자라서 부부가 되자 과연 집안이 점점 번창했지만, 남편은 그것이 아내의 운이 좋은 덕분이라고 생각하지 않았습니다. 나중에는 차차 아내가 마음에 들지 않았기 때문에 찰밥을 지어 붉은 소에 매달고, 그 소에 아내를 태워 억지로 먼 들판으로 쫓아내 버렸다고 합니다.

아내는 울면서 붉은 소를 타고 어디든지 소가 가는 대로 몸을 내맡겼습니다. 소는 점점 산으로 들어가 산속에 있는 외딴집 앞에 와서 멈추었습니다. 그 집 주인은 친절한 남자인 데다 여러모로 보살펴주었고 본인도 달리 갈 만한 곳도 없고 해서 마침내 그 외딴집 남자의 아내가 되었습니다. 그랬더니 이 집의 살림이 눈에 띄게 좋아져 갔습니다. 나중에는 많은 남녀 하인들을 부리는, 어느 것 하나 부족함이 없는 신분이 되었습니다. 아내를 내쫓은 본가 쪽에서는 마침 그 무렵부터 손해 보는 일만 계속되어 차츰 가세가 기울고, 마침내는 조상 대대로 내려오던 전답마저 잃고 몰락하여 소쿠리 장수가 되고 말았습니다. 소쿠리 장수가 여기저기 팔러 다니던 중에, 어느 때에 불쑥 산속에 있는 훌륭한 저택으로 오게 되어, 가지고 있던 소쿠리를 팔았습니다.

그 뒤로도 다른 곳에서는 조금도 팔지 못해서, 거의 매일같이 이 산속에 있는 저택으로 와서 이 집에 의지하며 소쿠리를 팔았습니다. 그러던 어느 날, 그 집 부인이 소쿠리 장수의 얼굴을 지그시 쳐다보며 "당신은 왜 그렇게 망해버렸나요? 옛날 아내 얼굴도 몰라보세요?"라고 했습니다. 소쿠리 장수가 비로소 정신 차리고 보니, 과연 일 년 전에 붉은 소에 태워 쫓아버렸던 자기 아내였기 때문에 너무 놀란 나머지 거품을 품고 죽고 말았다고 합니다.

아내는 그 모습을 보고 불쌍하게 생각했습니다. 그래서 아무도 모르게 슬쩍 그 시체를 부뚜막 뒤에 있는 토방에 묻고, 손수 떡을 만들어 바쳤습니다. 그 날, 밖에 나가있던 가족들과 남녀 하인들이 돌아오자 "오늘은 부뚜막 뒤에 조왕신을 모셔두고, 이를 축하하기 위해서 떡을 만들었으니 얼마든지 드세요." 했습니다. 그것을 시작으로 지금도 농사짓는 집에서는 떡을 만들어 조왕신에게 바친다고 합니다.

_가즈사(上總)지역 조세군(長生郡)

야 마을의 야스케

옛날에 신슈(信州)[1]지역에 있는 야(矢)라는 마을에 야스케(彌助)라는, 부모에게 효도하는 젊은 농사꾼이 살았습니다. 정직하고 열심히 일했음에도 집이 가난했습니다.

어느 연말에 약간의 돈으로 설 준비를 위해 물건을 사러 시장에 갔습니다. 도중에 길가에서 산새 한 마리가 덫에 걸려 푸드덕거리고 있는 것을 발견했습니다. 야스케는 '도와주어야겠구나.' 생각하고 덫의 줄을 풀어서 산새를 놓아주었습니다. 하지만 그냥 놓아주었다가는 덫 주인에게 미안하다는 생각이 들어서 손에 들고 있던 돈 한 꾸러미를 산새 대신에 그 자리에 꽂아 두었습니다. 그리고 이제 물건을 살 돈이 없어졌으므로 빈손으로 돌아왔습니다. 집에서 기다리던 어머니도 마음씨가 고운 사람이었으므로 "그거 좋은 일을 하고 왔구나." 하고서, 어머니와 아들 둘이서 아무것도 없는 쓸쓸한 설을 보냈습니다.

그런데 그 집에 낯선 여인이 홀로 찾아왔습니다. 여인은 "저는 여행을 하는 중인데 눈이 내려서 어려움을 겪고 있습니다.

1 일본의 옛 지명인 시나노국(信濃國)의 다른 이름이다. 지금의 나가노현(長野縣) 지역이다.

무슨 일이라도 할 테니, 봄이 될 때까지 머물게 해 주십시오." 하고, 어머니를 대신해 여러 가지 집안일을 해 주었습니다. 매우 얌전하고 아름다운 여인이었습니다. 야스케의 어머니가 "부모도 친척도 없는 사람이라면, 차라리 이 집 며느리가 되지 않겠어요?"라고 물어 보자, 여인은 기뻐하며 승낙하며 며느리가 되었습니다.

그로부터 몇 년 동안 잘 살고 있는 동안에, 아리아케산(有明山)에 못된 오니(鬼)가 나타나서, 다무라(田村)장군이 조정의 명령을 받아 그 오니를 퇴치하러 가게 되었습니다. 야 마을의 야스케는 활솜씨가 뛰어났으므로, 다무라 장군을 따라서 오니를 정벌하러 가야만 했습니다. 그때 야스케의 아내가 슬쩍 야스케를 불러서 이렇게 말했습니다. "아리아케산에 있는 오니는 기시키(魏死鬼)라고 해서, 보통 활과 화살로는 도저히 쓰러뜨릴 수가 없습니다. 열세 개의 마디가 있는 산새의 꼬리 깃털을 화살에 꽂아, 그 화살로 쏜다면 단번에 퇴치할 수가 있을 것입니다. 남자의 일생에 한 번 있는 큰일이니 그 깃털을 제가 드리지요. 저는 저 옛날 어느 연말에 덫에 걸렸다가 당신이 목숨을 구해준 산새입니다."라는 말을 남기고 울면서 어디론가 날아갔습니다. 나중에 보니, 열세 마디로 된 예쁜 산새의 꼬리 깃털이 남겨져 있었습니다.

그 덕분에 아리아케산의 오니를 물리치고 일본 알프스산[2]은 밝

2 일본 중부지역에 있는 히다(飛驒)·기소(木曾)·아카이시(赤石) 세 산맥을 총칭해서 부르는 말이다. 유럽에 있는 알프스산을 본따서 1881년에 영국인 고란드가 붙인 이름이다.

은 산이 되었습니다. 이는 전적으로 야 마을에 사는 야스케의 공입니다. 야스케는 그 공으로 막대한 포상을 받고, 오래도록 신슈의 깊은 산속에 그 이름을 남겼습니다.

__시나노(信濃)지역 미나미아즈미군(南安曇郡)

여우 아내

옛날에 노토(能登)[1]지역의 만교(万行)에 사는 사부로헤에(三郎兵衛)라는 사람이 어느 날 밤에 변소에 갔다와서 보니 방에 아내가 두 명 있었습니다. 어느 쪽인가 한 명은 둔갑한 요괴임이 틀림없지만 생긴 모습부터 말하는 것까지 조금도 다르지 않고, 여러 가지 어려운 문제도 내보았지만 양쪽 모두 술술 답변했습니다. 사부로헤에는 어떡해야 좋을지 난처해졌습니다.

그러던 중에 그 중 한 명에게 아주 작은 의심이 들어, 그 쪽을 내쫓아버리고 다른 한쪽을 집에 두었습니다. 그 뒤 집안이 번창하고 사내아이까지 두 명 태어났습니다. 그 두 아이가 조금 자라서 집안에서 숨바꼭질을 하며 놀다가, 우연히 어머니에게 꼬리가 달린 것을 발견했습니다. 여우 아내는 "정체가 드러난 이상, 이제 더 있을 수 없습니다. 실은 저는 여우였습니다." 하고, 두 아이를 남기고서 울며 돌아갔습니다. 그 뒤부터 매년 벼가 익을 때가 되면, 그 여우 아내가 사부로헤에의 논 주위를 돌면서, "이삭아, 여물지 마라!" 하고 외치면서 다녔다고 합니다.

그러자 이 집 벼만은 늘 조금도 이삭이 여물지 않았기 때문에

---

1 일본의 옛 지명이다. 지금의 이시카와현(石川縣) 북부지역이다.

작황을 보고 세금을 매기는 관리가 보러 와서, 항상 연공(年貢)을 면제해 주었습니다. 그 벼를 베어서 집으로 운반해오면, 그때서야 이삭이 나와서 어느 집보다도 잘 여물었으므로 이 집의 생활은 갈수록 풍요로워졌다고 합니다.

_노토(能登)지역 가지마군(鹿島郡)

장님 수신

옛날에 히젠(肥前)[1]지역에 있는 후카에(深江)라는 마을에 어머니와 단 둘이 살고 있는 젊은 의사가 있었습니다. 어느 날 길가에서 마을 아이가 하얀 뱀장어를 잡아서 죽이려고 하는 것을 보고, 목숨을 구해서 놓아준 적이 있었습니다. 역시 야(矢)마을에 사는 야스케(彌助)와 마찬가지로, 뱀장어는 나중에 아름다운 여인이 되어 나타나서 이 집의 며느리가 되었다고 합니다. 그리고 남자아이를 한 명 낳은 뒤에 정체가 밝혀져 돌아갔다고 합니다. 어느 날 시어머니가 볼일이 있어 며느리의 방에 들어가 보았더니, 커다란 뱀이 아이를 휘감고 코를 골며 자고 있었다고 합니다. 며느리는 정체가 드러나 더 이상 집에 있을 수가 없어서 공손하게 아이를 부탁하고 돌아갔습니다. 돌아가면서 "만약 적당한 유모가 없어서 키우기 힘들면, 부디 후겐다케(普賢岳)에 있는 연못가로 와서 저를 불러주세요."라고 부탁했습니다.

그 뒤부터 아버지의 손으로 아이를 키우자니 젖이 부족해서 어려움을 겪었습니다. 할 수 없이 아이를 안고 산 위의 연못으로 찾

1 일본의 옛 지명이다. 지금의 사가현(佐賀縣)과 나가사키현(長崎縣)의 일부이다.

아갔습니다. 그러자 약속한 대로 여인이 나와서 아름다운 구슬 하나를 꺼내어 아이에게 핥도록 했습니다. "이것은 제 눈알입니다만, 젖 대신에 이것을 핥게 하면 이 아이가 건강하게 자랄 것입니다. 소중히 간직하십시오." 하고 돌아갔습니다. 그런데 돌아오는 길에 그 근처를 둘러보던 관리가 의사의 품속이 불룩한 것을 수상히 여기고, 세상에서 진귀한 보물을 지니고 있는 것을 알고서, 구슬을 빼앗아 영주에게 바쳤습니다. 아이는 젖을 먹을 수가 없어서 또 울기 시작했기에 아버지는 어찌할 수가 없었습니다. 그래서 다음 날 다시 한 번 그 연못가를 찾아가니 이번에는 외눈이 된 그 여인이 나타나서 자세한 내막을 들었습니다. "지금 하나 있는 구슬을 줘버리면 난 앞을 못 보게 되지만, 내 아이를 위해서라면 그런 것쯤은 아무것도 아닙니다." 하고, 남은 한 쪽 눈을 아이의 아버지에게 건네주고 슬피 울면서 돌아갔다고 합니다.

그러나 이토록 어머니의 애정이 담긴 구슬이었지만 의사는 그 구슬을 또 빼앗기고 말았습니다. 영주와 관리는 너무나도 무자비해서 "이처럼 진귀한 구슬은 한 쌍을 갖추어서 쇼군(將軍)께 바치는 것이 좋다."라며 애써 다시 받아온 구슬도 다시 관리가 빼앗아 갔습니다. 후겐다케에 사는 큰 뱀은 이 이야기를 듣고 매우 원망하고 분해했다고 합니다. 간세이(寬政)[2] 연간에 일어난 시마하라(島原)지역의 대지진이나 해일은 장님이 된 연못의 수신(水神)이 화가 나서 일으킨 것이라고 하는 사람도 아주 많습니다. 그렇다면 큰

2 일본의 에도(江戶)시대 후기의 연호로 1789년에서 1801년까지를 말한다.

뱀인 어머니로에게 눈알을 받은 것은 지금으로부터 백사오십 년 전의 이야기라는 셈이 되지만, 실제로는 훨씬 오래된 이야기가 아닌가 싶습니다.

_히젠(肥前)지역 미나미다카키군(南高來郡)

영감에게 금을

이 이야기는 산에서 일하고 있던 곳으로 금과 은이 저절로 날아와서 얼떨결에 큰 부자가 되었다는 이야기입니다. 옛날 옛날 어느 마을에 착한 할아버지와 나쁜 할아버지가 살았습니다. 어느 때에 착한 할아버지가 혼자서 산에 올라가 일을 하고 있는데 어디선가 "매달릴까? 붙을까?" 하는 소리가 들려왔습니다. 너무 자주 그 소리가 들리자 할아버지는 아무런 생각 없이 "매달리고 싶으면 매달리고, 붙고 싶으면 붙어."라고 말했습니다. 그러자 느닷없이 양쪽 소나무 숲 속에서 금과 은이 수없이 날아와, 할아버지의 어깨며 등에 아주 많이 쌓였습니다. 그 금과 은을 집에 가져와 펼쳐놓고 할머니와 둘이서 보고 있는데, 옆집에 사는 나쁜 할아버지가 와서 그걸 보고 매우 부러워했습니다.

옆집 할아버지는 "나도 흉내를 내서 보물을 짊어지고 와야지." 하고, 다음 날 옆집 할아버지와 같은 산으로 올라갔습니다. 그러자 생각한 대로 좌우에 있는 산속에서 "매달릴까? 붙을까?" 하는 소리가 들려왔습니다. 너무나 기뻐서 곧바로 "매달리고 싶으면 매달리고, 붙고 싶으면 붙어." 하며 등을 내밀자, 이번에는 소나무 위에서 송진이 날아와 나쁜 할아버지의 어깨와 등에 무거울 정도로 달라붙었습니다. 할아버지가 "할멈! 할멈! 지금 돌아왔어. 빨리 불 좀 켜서 비춰 봐." 했으므로, 할머니가 급히 서둘러서 불을 할아버지 가까이 가져오자 그 불이 송진에 옮겨 붙어서 나쁜 할아버지는 큰 화상을 입었다고 합니다.

섣달그믐의 모닥불

옛날 옛날에 어느 시골에 가난한 마부가 한 사람 살고 있었습니다. 내일이 설날인데도 일이 하나도 없어 빈말을 끌고 집으로 돌아가려고 했습니다. 그러자 길가에 있는 소나무 가로수 아래에 지저분한 거지가 쓰러져 신음하고 있었습니다. 마부는 '이거 참! 나보다도 더 딱한 사람이 있었다니. 이거 도와주어야겠구나.' 생각하고, 마침 비어있던 짐칸 위에 태워서 돌아갔다고 합니다. 그리고 아내와 의논한 뒤 토방에 자리를 깔고 눕히고 집안에 아무것도 없지만 화롯불만은 잔뜩 지펴서, 그럭저럭 해를 나게 도와주었습니다. 설날 아침에는 해가 높이 뜰 때까지도 이 거지가 일어나지 않기에 옆으로 다가가 "어이, 어이." 하고 깨워 보았지만 거지는 아무런 대답이 없었습니다. 왠지 몸이 차가워진 것 같아, 놀라서 몸에 덮어준 자리를 들추어 보니 거지라고 생각했던 것은 큰 황금 덩어리였습니다. 이 황금으로 마부는 곧 큰 부자가 되었다고 합니다. 경사 났네! 경사 났어!

__미카와(三河)지역 미나미시타라군(南設樂郡)

삿갓 쓴 지장보살

옛날 옛날에 어느 마을에 마음씨가 매우 고운 할아버지와 할머니가 살고 있었습니다. 할아버지는 삿갓을 만들어 읍내로 나가 팔아서 살림을 꾸려가고 있었습니다. 섣달그믐에도 삿갓을 팔러 나갔습니다만, 그믐날 열린 장이어서 삿갓 따위는 조금도 팔리지 않았습니다. 하는 수 없이 삿갓을 등에 지고 돌아오는데, 심한 눈보라가 치는 들판에 지장보살님이 젖은 채로 추운 듯 서 있었습니다. 할아버지는 이 모습을 보고 딱하다는 생각이 들어, 여섯 개 있는 삿갓을 돌로 된 여섯 지장보살님께 씌워 드렸습니다. 그리고 집에 돌아와 할머니에게 그 이야기를 하고, 아무것도 장만할 것이 없어서 그대로 잠들어 버렸습니다. 그러자 날이 샐 무렵, 멀리서 썰매를 끄는 소리가 나고 노래 소리가 들려왔습니다.

여섯 지장보살에게
삿갓을 가져다 씌워준
할아버지 집은 어디냐
할머니 집은 어디냐

이러한 노랫소리와 썰매를 끄는 소리가 점점 가까워졌기에 일어나서 "여기요, 여기요." 하고 외쳤습니다. 그러자 여섯 지장보살이 문 앞에 보물이 든 자루를 던져놓고 돌아가는 뒷모습이 보였다고 합니다.

경단이 인도한 정토

옛날 옛날에 어느 곳에 할아버지와 할머니가 살았습니다. 봄의 피안(彼岸)[1] 무렵 피안에 쓸 경단을 만들고 있는데, 경단 하나가 마당에 떨어져 데굴데굴 굴러갔습니다. 할아버지가 "경단아, 경단아, 어디까지 굴러가느냐?" 하면서 뒤쫓아 갔더니, \경단이 "지장보살님이 계신 굴까지 굴러간다." 하고서, 마침내 굴로 들어가 버렸습니다.

할아버지도 그 뒤를 따라 굴속으로 들어갔더니, 굴속의 바닥이 넓은 곳에 지장보살님이 서 있었습니다. 할아버지는 그 지장보살님 앞에서 간신히 경단을 붙잡아, 흙이 묻은 쪽을 자기가 먹고 흙이 묻지 않은 쪽을 지장보살님께 드렸습니다. 그러는 동안에 날이 어두워져 할아버지가 돌아가려고 하자, 지장보살님이 "내 무릎 위로 올라오거라."라고 말씀하셨습니다. 할아버지가 "황송해서 올라갈 수 없습니다."라고 대답하니, 지장보살님이 "괜찮으니 올라오거라." 해서 시키는 대로 위로 올라갔습니다. 그러자 이번에는 "어깨 위로 올라오거라."라고 말씀하셨습니다. "무릎 위에도 겨우 올랐는데 너무 황송해서 올라갈 수 없습니다." 하고 사양하였지만, 지장

1 춘분과 추분을 기준으로 하여 그 전후 칠일 동안을 말한다.

보살님이 억지로 올라오라고 하므로 어깨 위로 올라갔습니다. 그러자 이번엔 "머리 위로 올라오거라."라고 말씀하셨습니다. 할아버지가 아무리 사양을 해도 올라오라고 하므로 크게 결심하고 지장보살님의 머리 위로 올라갔습니다. 그러자 지장보살님께서 부채 한 개를 빌려주었습니다. 그리고 이제 오니(鬼)들이 이곳으로 몰려와서 도박을 시작할 테니, 적당한 때에 이 부채를 두드려서 닭이 우는 시늉을 하라고 가르쳐 주었습니다.

아니나 다를까, 많은 오니들이 몰려와서 도박을 시작했으므로, 잠시 후에 지장보살님이 말씀한 대로 닭이 우는 시늉을 하였습니다. 그러자 "이런, 벌써 날이 샜구나!" 하고. 오니들이 큰 소란을 피우며 돈이나 금을 많이 남겨둔 채로 모두 도망가버렸습니다. 그래서 할아버지는 지장보살님에게서 그 돈과 금을 받고, 기뻐하며 집으로 돌아왔습니다.

집에서는 할머니가 기다리고 있어, 둘이서 그 금과 돈을 펼쳐보고 아주 기뻐하고 있었습니다. 그런데 그 곳으로 마침 이웃집 할머니가 놀러와서 보고 깜짝 놀랐습니다. "어떻게 이 집은 그렇게 갑자기 부자가 되었소?" 하고 물어보니, 정직한 할아버지가 있는 그대로 이야기를 해주었습니다. 이웃집 할머니는 "그렇다면 우리 집 할아버지도 지장보살님이 계신 굴속으로 보내야겠군." 하고서, 서둘러 집에 돌아가 둘이서 경단을 만들었습니다. 그리고 그 중에서 한 개를 일부러 마당에 떨어뜨렸지만 조금도 굴러가지 않자 발로 차듯이 해서 억지로 굴속으로 넣었습니다. 그 다음 이웃집 할아버지도 그 뒤를 태연스럽게 따라 들어갔습니다.

지장보살님 앞에 가서 보니, 경단이 흙투성이가 되어 뒹굴고 있었습니다. 이웃집 할아버지는 그 중에서 깨끗한 부분만 자기가 먹고, 주변에 흙이 묻은 것을 지장보살님께 드렸습니다. 그런 다음에 아무도 올라가라고 말하지 않았는데, 혼자서 지장보살님의 무릎에서 어깨, 머리꼭대기까지 척척 올라가서, 빌려준다고 하지도 않은 부채를 아무 말 없이 집어들고 기다리고 있었습니다.

그 날도 역시 오니들이 몰려와서는 지장보살님 앞에서 도박을 시작하였습니다. 할아버지는 그 모습을 보고 곧장 그 부채를 두드리며 닭 우는 시늉을 했습니다. 그러자 오니들이 "벌써 날이 밝았나, 빠르구나!"하면서 허둥댔습니다. 그러던 중에 작은 오니가 한 명 달아나지 못하고 화로에 달린 갈고리에 콧구멍이 걸린 채 큰 소리를 내며, "이봐, 기다려! 코에 갈고리가 걸렸어!"라고 말했습니다. 이웃집 할아버지는 이 모습을 보고 자기도 모르게 킥킥 웃고 말았습니다. 오니들은 "어! 사람 소리가 나네." 하고서 여기저기 찾아 돌아다닌 끝에 마침내 지장보살님의 머리 위에서 이웃집 할아버지를 끌어내 떨어뜨리고는 혼을 냈습니다.

이웃집 할아버지는 오니가 남기고 간 금을 얻어오는 대신에 가까스로 목숨만 건지고 허둥지둥 도망쳐 왔습니다. 그러므로 지나치게 남의 흉내를 내서는 안 된다는 이야기입니다.

_우젠(羽前)지역 모가미군(最上郡)

혹이 두 개

옛날 옛날에 눈 위에 큰 혹이 달린 스님이 살았습니다. 여러 지역을 돌며 수행하고 다니다가 어느 산속 마을에서 재워주는 집이 없자 어쩔 수 없이 길가에 있는 낡은 불당으로 들어가 하룻밤을 보냈습니다. 밤도 이미 삼경(三更) 무렵이 되자, 많은 사람들의 발소리가 들리는가 싶더니 이 불당으로 들어왔습니다. 자세히 보니 그것은 덴구(天狗)[1]로, 여기 모여 술잔치를 하는 것이었습니다. 스님은 도저히 밤새도록 숨어 있을 수가 없어서, 무서웠지만 적당한 틈을 보아 자신도 엔자(円座)라고 하는 짚으로 만든 깔개를 엉덩이에 대고, 뛰쳐나가서 함께 춤을 추었습니다. 새벽녘에 덴구가 돌아갈 무렵이 되자, "당신은 재미있는 스님이니 이 다음에도 또 와 주시오. 그렇지만 약속을 해놓고 오지 않을 수도 있으니 이것을 저당으로 잡아두겠소." 하고서, 눈 위에 달린 혹을 쥐어뜯어서 가지고 갔습니다. 스님은 귀찮은 혹을 떼버려서 대단히 기뻐하며 고향으로 돌아왔습니다.

그런데 그 근처에 또 한 사람, 같은 곳에 혹이 있어 고통을 겪

1 깊은 산속에 산다고 하는 괴물이다. 사람 모습을 하고 있으며, 얼굴이 붉고 코가 길며, 날개가 달려 있다고 한다. 또한 신통력을 지녀서 마음대로 날아다닐 수 있으며 부채를 지니고 있다고 알려졌다. 일본의 설화 속에 자주 등장한다.

고 있는 스님이 있었습니다. 이 소문을 듣고 부러워서 견딜 수가 없었습니다. 그 사람의 이야기를 자세히 듣고, 일부러 혹을 떼인 그 불당까지 갔습니다. 생각대로 깊은 밤이 되자 덴구들이 모여서 술잔치를 벌였으므로, 서둘러서 엔자(円座)를 허리에 매달고 춤을 추었습니다. 그랬더니 덴구들이 매우 기뻐하며, "여! 약속을 잘 지켜 또 와주었군. 아주 수고했소. 그럼 저당을 잡아둔 혹을 돌려주리다." 하고, 지난 번 혹을 얼굴에 붙였습니다. 흉내를 낸 스님은 이제 눈 위에 혹이 두 개가 되어 버렸습니다. 그래서 쓸데없이 남의 흉내를 내는 것이 아니었다고 언제까지고 후회를 했다고 합니다.

오슈지역의 재 뿌리는 할아버지

옛날 옛날에 오슈(奧州)[1]지역 어느 곳에 역시 착한 할아버지와 나쁜 할아버지가 이웃해서 살고 있었습니다. 두 할아버지는 같은 날 밤, 흐르는 강물에 물고기를 잡는 그물을 걸어 두었습니다. 윗집에 사는 할아버지가 아침에 일찍 강에 가보니, 자신의 그물에는 강아지 한 마리만 걸려 있고, 아랫집에 사는 할아버지의 그물에는 물고기가 많이 걸려 있었습니다. 그래서 그물에 든 물고기를 전부 건져내고, 거기다가 자기 그물에 들어있던 강아지를 집어넣어 두고서 모르는 척하고 돌아왔습니다. 그 뒤에 아랫집 할아버지가 강에 가서 보니, 자기 그물에 귀여운 강아지가 걸려서 울고 있었으므로, 집으로 안고 돌아와 길렀습니다.

강아지는 공기그릇으로 먹이면 공기그릇 크기만큼, 사발로 먹이면 사발 크기만큼 날마다 자라서, 조금 지나자 할아버지가 산에 갈 때 여러 도구를 등에 짊어지고 따라갈 정도가 되었습니다. 어느 날 그 개는 산에서 할아버지에게 사슴을 잡는 법을 가르쳐 주었습니다. 할아버지가 큰 소리로 "저기 있는 사슴도 여기로 와

1 일본의 옛 지명이다. 지금의 후쿠시마현(福島縣), 미야기현(宮城縣), 이와테현(岩手縣), 아오모리현(青森縣)과 아키타현(秋田縣)의 일부가 이에 해당된다.

라. 여기 있는 사슴도 여기로 와라."라고 외치자, 사방에서 모여든 사슴을 개가 하나하나 물어뜯어 등에 짊어지고 집으로 돌아왔습니다. 할아버지와 할머니가 그것으로 사슴국을 끓여 먹고 있으려니, 윗집 사는 할머니가 와서 그 이야기를 듣고 "그러면 우리도 사슴국이 먹고 싶으니 개를 빌려주시오." 하고 개를 데리고 갔습니다.

다음 날 윗집 할아버지는 개를 데리고 산으로 올라갔습니다. 윗집 할아버지는 개가 실으라고도 하지 않았는데, 이것저것 도끼며 낫이며 여러 가지 도구를 개 등에 짊어지게 하고, 빨리 가라고 내몰며 산으로 올라갔습니다. 그런데 윗집 할아버지는 사슴이라고 말해야 할 것을 잘못 알고 "저기 있는 벌도 여기로 와라. 여기 있는 벌도 여기로 와라." 하고 크게 소리쳤습니다. 그러자 산속의 벌들이 모두 날아와서 윗집 할아버지를 쏘았습니다. 윗집 할아버지는 그것을 모두 개의 탓으로 돌리고, 화가 나서 그 개를 때려죽인 후 나무 밑에 묻고 집으로 돌아왔습니다.

아랫집 할아버지는 몇 날 며칠이 지나도 윗집에서 개를 돌려주지 않자 데리러 갔더니, 윗집 할아버지는 잠꼬대를 하며 자고 있었습니다. 윗집 할아버지는 "그 개 때문에 내가 이렇게 벌에 쏘이고 말았소. 너무 미워서 죽여버리고 나무 밑에 묻어두고 왔소. 개를 찾고 싶으면 나무 밑으로 가보시오."라고 말했습니다.

아랫집 할아버지는 그 말을 듣고 매우 슬펐습니다. 그래서 산에 올라가 그 나무를 베어다가 맷돌을 만들어 할머니와 둘이서 맷돌을 돌리며 이런 노래를 불렀습니다.

할아버지 앞에는 돈 내려라!
할머니 앞에는 쌀 내려라!

그러자 그 노래와 함께 할아버지 앞에는 돈이 내려오고 할머니 앞에는 쌀이 내려와서 잠깐 사이에 부자가 되었습니다. 두 사람은 좋은 옷도 입어보고 쌀밥도 먹었습니다. 그 집에 윗집 할머니가 또 와서 "어디서 그런 좋은 것만 얻었소?"라고 물었습니다. 아랫집 할머니는 "뭐, 이것은 당신 댁의 할아버지가 개를 죽이고 내팽개쳐둔 산에서 나무를 베어다가 맷돌을 만들어 돌렸더니, 돈과 쌀이 나와서 이렇게 잘 지낸다오."라고 대답했습니다. "그러면 그 맷돌을 빌려주시오." 하고 욕심 많은 윗집 할머니는 또 맷돌을 빌려 갔습니다. 그리고 할아버지와 둘이서 열심히 그 맷돌을 돌렸지만, 중요한 노랫말을 잊어버리고

할아버지 앞에는 똥 내려라!
할머니 앞에는 오줌 내려라!

라고 노래를 불렀습니다. 그 노래대로 냄새나고 더러운 것이 잔뜩 집안으로 흘러 들어왔습니다. 할아버지와 할머니는 그것을 맷돌 탓으로 돌리고 매우 화가 나서 맷돌을 도끼로 쪼개서 불태웠습니다.

아랫집 할아버지는 또 조금 지나서 그 맷돌을 가지러 왔습니다. 윗집 할아버지는 "그 맷돌은 당치도 않은 맷돌이었소. 집안이 더러운 것으로 가득 차서 처치가 곤란하므로, 쪼개서 부뚜막에서 때고 말았소."라고 대답했습니다. 아랫집 할아버지는 "그러면 어쩔 수 없으니 그 재라도 받아 가겠소." 하고, 조리를 가지고 와서 그

재를 담아서 돌아갔습니다. 그러고 나서 재가 담긴 조리를 밭에 가지고 가서, 밭 옆의 늪에 내려와 앉아있는 기러기를 향하여 이렇게 말하면서 그 재를 뿌렸습니다.

기러기 눈에 재 들어가라! 기러기 눈에 재 들어가라!

그러자 그 말대로 기러기의 눈에 재가 들어가 기러기가 맥없이 죽고 말았습니다. 그것을 주워서 집에 돌아와 할머니와 둘이서 또 사이좋게 기러기국을 끓여 먹었습니다. 그런데 또 다시 윗집 할머니가 와서 "어떻게 그런 맛있는 것을 먹고 있느냐?"고 물었습니다. 아랫집 할머니는 "당신들이 우리 집 맷돌을 쪼개 태우고 남은 그 재를 가지고 와서 뿌려 봤더니 많은 기러기가 떨어졌소. 그것을 주워와서 이렇게 기러기국을 끓여 먹고 있는 중이오."라고 대답했습니다.

윗집 할머니는 "그러면 그 재를 조금만 나누어 주시오." 하고 다시 그 재를 가지고 가서 할아버지에게 흉내를 내도록 했습니다. 윗집 할아버지는 할머니가 가르쳐준 대로 맞바람이 센 밤에 집의 용마루에 올라가 하늘을 향해 재를 뿌렸지만, 역시 중요한 말을 잊어버리고 "할아버지 눈에 재 들어가라, 할아버지 눈에 재 들어가라."라고 큰 소리로 외쳤습니다. 재는 그 말대로 할아버지의 눈에 들어가서, 할아버지는 장님이 되어 집 용마루에서 데굴데굴 굴러 떨어졌습니다. 기러기가 떨어지기를 이제나저제나 기다리고 있던 윗집 할머니는 그것을 기러기라 생각하고 큰 망치로 때렸다는 이야기입니다.

_리쿠추(陸中)지역 에사시군(江刺郡)

바닷물은 왜 짠가

옛날 옛날 아주 먼 옛날에 어느 곳에 형과 동생이 살고 있었습니다. 형은 부자였지만 동생은 가난했습니다. 동생은 섣달그믐이 되어도 설 준비조차 할 수 없었기 때문에 형의 집으로 쌀을 한 되 빌리러 갔습니다. 하지만 형은 심한 말을 하고 빌려 주지 않았습니다. 동생은 하는 수 없이 집으로 돌아오는 길에, 산길에서 풀을 베고 있는 새하얀 수염이 난 노인 한 사람을 만났습니다. 노인이 "어디를 가는 게요?"라고 물어서, 동생은 "오늘밤은 섣달그믐이지만, 도시가미(歲神)[1]에게 바칠 쌀도 없어서 이렇게 그저 정처 없이 걷고 있을 뿐입니다."라고 대답했습니다. 노인은 "그거 참, 곤란하겠구려. 그럼 이것을 주겠소." 하고, 조그마한 보리떡을 내주었습니다. "이 보리떡을 가지고 저기 숲 속에 있는 신을 모신 사당으로 가보시게. 사당 뒤쪽에는 구멍이 있는데, 그 곳에 많은 난쟁이들이 있어서 반드시 당신이 지닌 보리떡을 먹고 싶어 할 것이오. 난쟁이들에게 금도 아니고 다른 물건도 아닌, 맷돌이라면 맞바꾸

1 보통 도시가미(歲神)라고 하면 오곡의 풍년을 기원하는 신을 가리키기도 한다. 여기서는 도시도쿠진(歲德神)의 줄인 말로 사용되었다. 도시도쿠진은 그 해의 복덕(福德)을 관장하는 신이다. 일본에서는 이 신이 거처하는 방위를 '에호(惠方)'라고 해서 만사가 길하다고 믿는 신앙이 전해진다.

겠다고 말하고, 그 맷돌을 받아 가는 것이 좋소." 하고 가르쳐 주었습니다.

노인이 가르쳐준 대로 숲에 있는 사당까지 가서 보니, 정말 구멍이 있고 많은 난쟁이들이 들락날락하며 떠들썩하게 소란을 피우고 있었습니다. 동생이 '무얼 하고 있는 것일까?'라고 생각하며 보고 있으려니, 난쟁이들이 그저 새(萱) 한 줄기를 옮기느라 이에 매달려서 쓰러지거나 구르거나 하는 것이었습니다. 동생은 "어때? 내가 옮겨 줄까?" 하고, 손가락으로 집어서 옮겨 주었습니다. 그러자 구멍 입구에서 "사람 죽네! 사람 죽네!" 하고 모기가 우는 듯한 소리가 들려 놀라서 바라봤더니, 난쟁이 한 사람이 나막신의 코 사이에 끼어 신음하고 있었습니다. 동생은 서둘러 정중하게 집어서 꺼내주었습니다. 난쟁이는 얼마나 힘이 센 사람인가 하며 올려다보던 중에 동생이 손에 쥐고 있던 보리떡을 발견했습니다. 난쟁이들은 "제발 떡을 우리들에게 양보해 주시오." 하면서, 많은 황금을 가져와서 앞에다 쌓아 놓았습니다. 그렇지만 동생은 일찍이 흰 수염이 난 노인에게 들은 말이 있기 때문에 "맷돌이라면 맞바꿔도 좋다."고 하여 마침내 그 맷돌을 받았습니다. "이것은 난쟁이들 사이에서도 둘도 없는 보물이지만, 보리떡 대신에 당신에게 주겠소. 오른쪽으로 돌리면 갖고 싶은 것이 무엇이든 나온다오. 왼쪽으로 돌리면 나오지 않소." 하고 가르쳐 주었습니다.

동생이 맷돌을 소중하게 품고서 집에 돌아와 보니, 아내가 기다리다 지쳐 있었습니다. "섣달그믐 밤인데 어디를 돌아다녔어요? 쌀은 빌려왔나요?" 하고 성화를 내며 다그쳤습니다. 그는 무엇이라도 좋으니까 빨리 자리를 깔라고 하고서, 아내에게 자리를 깔게

하도록 하였습니다. 그 위에 작은 맷돌을 놓고, "쌀 나와라! 쌀 나와라!" 하면서 맷돌을 오른쪽으로 돌렸습니다. 그러자 쌀이 한 말이고 두 말이고 계속해서 나왔습니다. 다음에는 "연어 나와라!" 하자, 소금에 절인 커다란 연어가 두 마리고 세 마리고 튀어 나왔습니다. 그 다음에 차례대로 설에 필요한 물건들을 모두 끄집어내어 그 날 밤은 더할 나위 없이 풍요로운 그믐날을 보내고 잠이 들었습니다.

날이 밝자 정월 초하루가 되었습니다. 동생은 졸지에 벼락부자가 되어 지금처럼 다른 집의 단칸방을 빌려 사는 것은 어울리지 않는다고 생각했습니다. 그래서 우선 새로운 집을 지을 생각으로 맷돌을 돌려 웅장한 저택과 여러 칸의 창고를 지었습니다. 그 다음에 나가야(長屋)와 마구간을 짓고 마구간에 매어 놓을 말을 맷돌에서 일곱 마리 꺼냈습니다. 이어서 "떡 나와라! 술 나와라!" 하고, 근처 사는 사람들과 친척들을 빠짐없이 불러 축하 잔치를 벌일 준비를 했습니다. 마을 사람들은 깜짝 놀라하며 잔치에 와서 지금까지 받아본 적이 없는 융숭한 대접을 받았습니다.

어제 쌀 한 되를 빌려주지 않았던 형도 왔습니다. 어떻게 동생이 하룻밤 사이에 이런 부자가 되었는지 형은 이상하고 궁금해서 견딜 수가 없었습니다. 놀라워하는 한편 여기저기 주의를 기울여 살폈습니다. 이윽고 손님들이 돌아갈 무렵에 동생은 손님들에게 선물로 과자라도 싸줄 생각으로, 슬그머니 안 보이는 곳으로 들어가서 맷돌을 돌리며, "과자 나와라!" 하고 말하였습니다. 형은 이를 엿보고서, "아! 이제 알았다. 저거로구나!" 하고 눈치를 챘습니다.

그러고 나서 손님이 모두 돌아가고 동생 부부가 깊이 잠이 든 시간을 노려서, 형은 몰래 맷돌이 감추어진 방으로 들어가 맷돌을 훔쳐 나왔습니다. 그리고 맷돌을 훔쳐 나오는 김에 옆에 놓여있던 떡이며 과자며 모두 집어 들고 나왔습니다. 항구에 가서 보니 마침 작은 배가 있었습니다. 이 작은 배에 그 보물 맷돌을 싣고, 묶어둔 밧줄을 풀어 먼바다 쪽으로 배를 저어서, 어딘가 섬으로 건너가 혼자서 부자가 되려고 하였습니다.

그러나 배 안에 떡과 과자와 같이 단것은 싣고 나왔지만, 공교롭게도 소금기 있는 것이 아무것도 없었습니다. 그래서 무엇보다도 먼저 소금을 나오게 하려고 무턱대고 맷돌을 돌리면서 "소금 나와라! 소금 나와라!" 하고 외쳤습니다. "아! 나왔다! 나왔다! 눈 깜짝할 사이에 배에 가득 소금이 나왔다!" 이제 이 정도로 멈추게 하려고 했습니다만, 왼쪽으로 맷돌을 돌려서 멈추게 하는 방법을 몰랐기 때문에 언제까지고 언제까지고 소금만 나와서 마침내 그 소금의 무게로 배와 형, 그리고 훔쳐 가지고 나온 작은 맷돌도 함께 바다에 잠겼습니다. 지금도 누구 한 사람 맷돌을 왼쪽으로 돌리는 사람이 없기 때문에 맷돌은 바닷속에서 소금만 내면서 돌아가고 있습니다. 그래서 바닷물이 짜다고 합니다.

_리쿠추(陸中)지역 가미헤이군(上閉伊郡)

여덟 섬 산

옛날 옛날에 에치고(越後)[1]지역에 사는 어느 농사꾼의 집에 형과 동생 두 아들이 있었습니다. 형의 어머니는 일찍 돌아가셨고 동생의 어머니가 지금의 계모였습니다. 계모는 형을 미워했고 어떻게 하든 자신이 낳은 아들만 편한 생활을 하기를 바랐습니다. 그래서 산에 있는 밭 한 자락을 둘로 나누어 형제에게 콩을 심게 하고, 어느 쪽 밭에 심은 콩이 잘 자라는지 비교해 보겠다고 했습니다. 그리고는 밤중에 몰래 형네 밭에 가서, 그날 심어둔 콩을 전부 캐냈습니다.

그 때문에 형의 밭에는 언제까지나 콩이 자라지 않았습니다. 계모는 "저 녀석은 콩심기가 싫어서 어디론가 콩을 갖고 가서 버린 것이 틀림없다."라고 아버지에게 일러 바쳐서 형이 심한 꾸중을 듣도록 해야겠다고 생각하고, 그때를 엿보고 있었습니다. 그런데 돌아가신 형의 어머니가 보이지 않는 곳에서 도와주었던 것일까요? 그 밭의 구석에 계모가 못 보고 떨어뜨리고 온 콩이 딱 한 알 있었습니다. 그 콩이 싹을 틔우고 쑥쑥 크게 자라서 나중에는 산보다도 높이 자라, 그 가지의 끝이 하늘까지 닿게 되었습니다. 그

1 일본의 옛 지명이다. 지금의 니가타현(新潟縣)의 대부분 지역이다.

래서 가을이 되자 형은 그 콩나무 한 그루에서 콩을 여덟 섬을 수확했기 때문에 계모의 못된 계획이 완전히 빗나가고 말았다고 합니다. 그 후로 그 마을에 있는 높은 산의 이름은 여덟 섬 산(八石山)이라 부르게 되었습니다. 호조(北條)에 있는 센푸쿠지(專福寺) 절의 문기둥은 그 콩나무를 베어 와서 세웠다고 합니다.

_에치고(越後)지역 가리와군(刈羽郡)

개머리 실

옛날 옛날에 미카와(三河)[1]지역에 두 여자가 이웃해서 살며 매년 누에를 기르고 실을 뽑아서 생활하고 있었습니다. 그런데 한쪽 여자가 기른 누에는 항상 잘 자라서 많은 실을 뽑았는데, 다른 한쪽의 여자 집에서는 도저히 생각처럼 누에가 자라지 않아서 점점 생활이 궁핍하게 되었습니다. 그 집에서 부리던 하녀나 하인도 질려서 점점 달아나 버렸습니다. 처음에 그토록 많이 기르던 누에가 하나씩 죽어가더니 어느 새 딱 한 마리만 남게 되었습니다. 그런데 그 한 마리 남은 누에가 뽕잎을 잘 먹으며 매일매일 크게 자랐습니다. 한 마리만으로는 아무것도 할 수 없다고 생각했지만, 그 누에를 소중하게 길렀더니 나중에는 보기 드문 큰 누에가 되었습니다.

어느 날 그 큰 누에를 밖으로 꺼내서 뽕잎을 먹이려고 하자, 집에서 기르고 있던 흰 개가 꼬리를 흔들며 보고 있더니, 눈 깜박할 사이에 누에를 먹어치우고 말았습니다. 모처럼 지금까지 열심히 키웠던 단 한 마리 남은 누에마저 개가 먹어치우자 불운하게 느껴져서 슬퍼했습니다. 하지만 개가 저지른 일이라서 달리 방법이 없

1 일본의 옛 지명이다. 지금의 아이치현(愛知縣) 동부지역이다.

었습니다. 개는 아무 일도 없는 듯한 얼굴을 하고 뒹굴며 자고 있었습니다. 여자는 그 모습을 보고 한심해서 혼자 울고 있었습니다. 그러던 차에 개가 재채기를 하기에 여자가 정신을 차리고 보니, 개의 콧구멍 양쪽에서 하얀 실이 한 가닥씩 한 치 정도 늘어져 있는 것이 마치 비단실 같았습니다. 너무 이상해서 실 끝을 잡고 당겨보니 두 가닥 실이 한없이 길게 이어져 나왔습니다. 그래서 시험해 보려고 실패에 걸고 돌려보았더니 실패를 이삼백 번 감아도, 아직 그 실이 끊어지지 않았습니다. 대충 네다섯 관(貫) 정도 길이의 실이 나왔을까 하던 차에 흰 개는 쓰러져서 죽고 말았습니다. 여자는 이 개가 신의 사자(使者)였는지도 모르겠다고 생각하고, 개를 뒷밭에 있는 뽕나무 밑에 묻어주었습니다.

그때 마침 교토(京都)에서는 대례(大禮)가 있어서, 그 지역의 관리가 천자(天子)님의 의복을 짤 비단실을 구하러 다니고 있었습니다. 앞의 한쪽 여자 집에서는 양잠이 잘 되었지만 실이 검고 매듭이 많아서 쓸모가 없었습니다. 그렇지만 이 여자가 뜰에 널어놓은 실을 보았더니, 새하얗고 광택이 아름다워서 품질이 아주 좋았습니다. 그래서 그 실을 천자님의 의복을 짜는 데에 사용했습니다. 흰 개를 묻었던 뒷밭에 있는 뽕나무에서는 이듬해부터 자연히 누에가 생겨나 누에고치를 만들고, 이 또한 좋은 실이 되었습니다. 그 뒤부터 언제까지나 미카와지역에서 나는 비단실이 다른 지역에서 나는 것보다 품질이 뛰어난 이유는 전적으로 그 개가 먹은 누에의 품종이 보급되었기 때문이라는 이야기가 있습니다.[2]

---

2 12세기에 성립한『곤자쿠 모노가타리슈(今昔物語集)』라는 일본설화집의 제26권에 이와 유사한 내용의 설화가 수록되어 있다.

여우의 은혜갚음

아주 옛날에 한 노인이 아침에 일어나 안마당을 쓸고 있는데, 콩 한 톨이 마당 모퉁이에 굴러다니고 있었습니다. 노인은 아까워하며 그 콩을 뒷밭으로 가지고 가서 심었더니, 얼마 안 있어 싹이 돋고 무럭무럭 자라서 큰 콩나무가 되었습니다. 이 콩나무는 콩이 여덟 섬까지는 아니지만, 콩나무 한 그루에 콩이 한 되고 두 되고 열렸다고 합니다.

그런데 어느 날 여우가 한 마리 다가와서는 한 번에 그 콩을 날름 먹어치워 버렸습니다. 노인이 얼굴이 새빨개질 정도로 크게 화를 내며 "내가 애써 재배한 콩을 훔쳐먹다니! 꼴도 보기 싫은 짐승이군. 때려죽이고야 말겠다!" 하고 고함을 질렀습니다. 여우가 크게 사죄하며 "부디 용서해 주십시오. 그 대신에 당신이 돈을 벌게 해드리겠습니다." 하고 빌었습니다. 노인이 "그렇다면…." 하고 용서를 해주자, 여우는 바로 말로 둔갑했습니다. 노인은 말을 부자의 집에 끌고 가서 비싼 값에 팔아 돈을 벌었습니다.

그러고 나서 사오일이 지나자 말로 둔갑했던 여우는 부잣집에서 도망쳐 버렸습니다. 여우는 노인에게 "이번에는 차 끓이는 주전자로 둔갑해 드리겠습니다." 하고, 아주 훌륭한 찻주전자로 둔갑했습니다. 노인은 또 그것을 절에 가져가서 차를 좋아하는 스님에게 팔았습니다. 스님이 찻주전자를 화로에 올려놓자 찻주전자가 낑낑거리며 울었습니다. 동자승이 그 찻주전자를 냇가로 가지고 가서 닦았더니 찻주전자가 "아! 아파! 천천히 닦아!" 하고 비명을 질렀습니다. 찻주전자가 말을 하다니 이거 큰일났습니다. 스님에게 말했더니 "무슨 그런 일이 있겠느냐?" 하고 화로에 불을 많이 지핀 후에 찻주전자를 올려놓았습니다. 그러자 여우는 마침내 참을 수 없게 되어 "스님! 뜨거워요!" 하고, 꼬리를 드러내고 줄행랑을 쳤다는 이야기입니다.

__쓰가루(津經)지역 고쇼가와라(五所川原)

들을 수 있는 두건

옛날에 오슈(奧州)[1]지역의 어느 곳에 가난하지만 착한 할아버지 한 명이 살고 있었습니다. 우지가미(氏神)[2]인 이나리(稻荷) 신[3]에게 늘 생선이라도 올리고 싶어 했지만, 그마저도 가난한 탓에 생각대로 되지 않았습니다.

그래서 하루는 신사에 참배하면서 "우지가미님! 우지가미님께 말씀 드립니다. 제가 너무 가난하여 생선조차도 올릴 수가 없습니다. 그러니 부디 저라도 잡수십시오. 제발 그렇게 해주세요." 하고 절을 했습니다. 우지가미는 "영감! 영감! 너무 그렇게 걱정할 필요가 없소. 나도 그대가 어렵게 사는 것을 잘 알고 있소. 그래서 한 가지 행운을 내려줄 생각이오. 자, 이 보물 두건을 줄 테니 써 보시오. 이것을 쓰면, 새나 짐승이 하는 말을 무엇이든 즉

---

1 일본의 옛 지명이다. 지금의 후쿠시마현(福島縣), 미야기현(宮城縣), 이와테현(岩手縣), 아오모리현(靑森縣)과 아키타현(秋田縣)의 일부가 이에 해당된다.

2 씨족의 조상신을 의미한다. 혹은 살고 있는 지역의 지역수호신을 의미하기도 한다.

3 구체적으로는 오곡을 관장하는 우카노미타마(倉稻魂) 신을 가리킨다. 이 밖에도 일본어로 '이나리(稻荷)'라고 하면, '여우'나 '유부(油腐)'를 의미하기도 한다. 이는 여우가 이나리 신의 사자(使者)라는 신앙에서 비롯되었으며, 여우가 유부를 좋아한다고 해서 만들어진 말이다. 일본에서는 이나리 신을 모신 신사가 매우 많으며, 이런 신앙을 가리켜서 '이나리 신앙(稻荷信仰)'이라고 한다.

시 알아들을 수 있으니까." 하고 낡아 보이는 빨간 두건 한 개를 주었습니다. 할아버지는 "그렇습니까? 정말이지 너무 감사합니다." 하고 기뻐하며, 서둘러 그 빨간 두건을 품에 넣고 나왔습니다. 그리고 천천히 길을 걸어갔더니, 길옆에 큰 나무가 있었습니다. 그 나무 밑에서 쉬고 있다가 어느 샌가 그만 깜박 잠이 들어버렸습니다.

그러자 해변 쪽에서 까마귀 한 마리가 날아와서, 피곤했는지 그 나뭇가지 위에 앉아서 쉬었습니다. 그리고 또 내륙 쪽에서도 까마귀 한 마리가 날아와 같은 나무 위에 머물렀습니다. 영감님은 이 모습을 보고, 이나리님에게서 받은 들을 수 있는 두건(聞耳頭巾)을 시험해 보려면 지금이라고 생각해서 두건을 살그머니 꺼내 썼습니다.

그러자 별안간 머리 위에서 이야기 소리가 들리기 시작했습니다. 해변에서 온 까마귀가 "오랜만이구나. 나는 지금까지 해변 쪽에 있었는데, 바다 쪽도 요즘은 고기가 없어서 살기가 어려워서 날아 왔네. 자네는 또 어디서 왔는가?" 하고 묻자, "나는 아라미(あらみ) 쪽에서 왔네. 살기 어려운 것은 어디를 가도 마찬가질세." 하고 대답했습니다. 그러면서 "무언가 신기한 일은 없는가?"라고 묻자, 해안 쪽에서 온 까마귀가 "특별히 신기한 일도 아니지만, 해안 어느 마을에 있는 부잣집에서는 광을 지은 지 벌써 오륙 년이 되었는데, 광 입구 위의 지붕을 이을 때 어떻게 기어 올라갔는지 뱀 한 마리가 살고 있지. 마침 뱀이 있는 자리 판자 밑에 못을 박아서, 지금도 움직이지 못한 채 반쯤 죽어가고 있어. 감동적인 것은 수컷 뱀이 계속 먹을 것을 날라다 먹이고 있는데, 정말 둘 다 고생을

하고 있지. 그 원한이 쌓이고 쌓여, 부잣집 딸 몸에 해를 입혀서 그 집 딸은 오랫동안 앓고 있지. 지금이라도 광 지붕에 있는 판자를 들어내고 뱀을 살려주지 않으면, 뱀도 죽고 딸도 죽게 될 텐데. 나도 몇 번이고 그 집 지붕 위로 날아가서 말해 주었지만, 인간이라고 하는 것은 한심해서 조금도 알아듣지 못해."라고 말했습니다. 다른 까마귀도 "정말 인간은 그런 일이 생겨도 전혀 모른다니까." 하고, "그럼 이 다음에 또 보세."라는 말을 남기고 두 까마귀는 동과 서로 헤어져 날아갔습니다.

할아버지는 이거 좋은 이야기를 들었다고 생각하고, 빨리 그 부잣집에 가서 딸도 구해주고 또 뱀의 목숨도 살려주고 싶었습니다. 그렇지만 전혀 준비가 되어있지 않아서 이 상태로는 나갈 수 없으므로 읍내 뒷골목을 어슬렁어슬렁 걸어다녔습니다. 그러다가 길에 부서진 나무 사발이 떨어져 있기에 그것을 주워다가 종이를 붙여 머리 위에 쓰고, 해안에 있는 부잣집 문 앞으로 가서 "점치시오! 점치시오!" 하고 큰 목소리로 외치며 지나갔습니다.

부잣집에서는 딸의 오랜 병을 낫게 하려면 뭐가 좋을까 걱정하고 있던 참이라서 "이보시오, 문 앞을 지나가는 점쟁이 양반, 빨리 안으로 들어와서 점을 쳐보시오." 하고 불렀습니다. 할아버지가 안으로 들어가 "점을 보려고 합니까?"라고 물으니, "실은 이 집 딸이 오랜 병으로 목숨이 오늘내일 하는 형편이랍니다. 어떻게 하면 좋아질지 점을 쳐주시오." 하고 부탁했습니다. 할아버지는 "그렇다면 병을 앓고 있는 따님이 있는 곳으로 가게 해 주십시오." 하고, 딸이 누운 머리맡에 가서 앉았습니다. 할아버지는 "이십 리를 기어가는 칡잎은 기어가면 이십 리." 하고 몇 번이나 주문을 반복하고 나서, 전에 마침 까마귀에게 들은 이야기를 상세히 들려주었습니다.

부자는 정말로 점쟁이가 말한 대로 오륙 년 전에 광을 지은 일이 있었습니다. 그래서 그런 일이 벌어졌는가 하고서, 근처에 사는 목수를 불러와 서둘러 광 지붕에 있는 판자를 뜯도록 했습니다. 그랬더니 뱀 한 마리가 반 정도 썩어가는 몸에 못이 박힌 채로 거의 죽어가고 있었습니다. "아! 이 때문이었구나!" 하고 뱀을 조심스럽게 소쿠리에 담아서 지붕에서 내린 다음, 설거지통 앞에 내려놓고 먹을 것을 주고 치료를 해서 기운을 차리게 한 다음에 놓아주었습니다. 그러자 마치 얇은 종이를 벗기는 것처럼 딸의 병도 나날이 좋아져서, 며칠 지나지 않아서 병이 씻은 듯이 나았습니다. 부자는 대단히 기뻐하면서 사례금으로 삼백 냥을 주었습니다. 할아버지는 금세 큰 부자가 되었습니다. 그래서 집으로 급히 돌아와 서둘러서 우지가미를 모신 사당을 고쳐 짓고, 이제까지 볼 수 없었을 정도로 성대한 제사를 올렸습니다. 물론 생선도 자주 사와서 공양했습니다.

그런 일이 있고 나서, 두건을 가진 할아버지는 좋은 옷을 입고 또 여행을 떠났습니다. 그리고 언젠가 쉬었던 큰 나무 아래에서 쉬고 있으려니, 또 동과 서에서 까마귀가 날아와 그 나뭇가지에서 쉬면서 세상 돌아가는 이야기를 시작했습니다. 까마귀 한 마리가 "같은 읍내에만 있는 것은 따분해."라고 말하자, 다른 까마귀가 "정말 그래, 내가 지금까지 있던 읍내에서는 이런 일이 있었다네."라고 이야기를 시작했습니다. "읍내에 사는 부잣집에서는 주인이 큰 병에 걸려, 오늘내일할 정도로 위중한데, 그 원인은 오륙 년 전에 별채를 지을 때 옛날부터 있던 녹나무를 베어내고, 그 벤 나무를 바로 별채 처마 밑에 쓴 탓에 낙숫물을 맞고 있지. 그렇다 하더라도 뿌리는 다 죽지 않아서, 살아있는 동안에는 싹이 나와서 가지가 뻗으려고 몸부림을 치니까 싹이 나면 베어버리고, 또 싹이 나면 베어버려서 죽으려 해도 죽지 못하고, 그렇다고 해서 살려고 해도 살지 못하게 하는지라, 그 원한이 주인에게 향해서 병이 난 것이지. 거기다 여러 산에서 녹나무의 친구 나무들이 매일 밤처럼 위로하러 오니까 이도 보통 일이 아니지. 그 나무를 살릴 셈이면 살리고, 또 어차피 말라죽게 하려면 뿌리부터 잘 뽑아 버리면 좋을 것을, 참 난처한 일이야."라고 전해주었습니다.

할아버지는 까마귀의 이야기를 듣고 서둘러 그 읍내로 찾아갔습니다. 할아버지가 "점치시오! 점치시오!" 하고 외치자, 그 부잣집에서 "부탁이니, 우리 집 주인나리의 병이 어떻게 하면 나을 수 있을지 봐 주시오." 하고 청했습니다. 할아버지는 부잣집으로 들어갔습니다. "이 집에는 오륙 년 전에 세운 별채가 있을 터이니, 오늘밤 나를 그 별채에 머물게 해주시오."라고 말했습니다. 부잣집 사람들은 "점쟁이가 어떻게 그 별채가 있다는 것을 알고 있을까?" 하고 깜짝 놀랐습니다. 할아버지는 "그것도 점괘로 맞추었는데, 우선 오늘밤은 나를 거기 머물게 해주시오. 내일은 주인나리가 병이 든 원인을 보기 좋게 알아 맞출테니, 내가 말하기 전까지는 아무도 들어오지 마시오."라고 주의를 주었습니다. 그 날 밤 혼자 일어나서 일이 돌아가는 형편을 살폈습니다.

한밤중이 되어 바스락바스락하고 가까이 다가오는 발소리가 나며, "녹나무야, 몸은 좀 어때?"라고 묻는 소리가 들렸습니다. 그 물음에 뭔가 땅속에서 기어나오듯이 조그마한 소리로, "아! 그렇게 말하는 것은 롯코우시 산(六角牛山)에 사는 나기(梛)나무가 아닌가? 매번 먼 곳에서 어려운 걸음을 해줘서 미안하네. 나는 보다시피 한시라도 빨리 죽고 싶지만, 그것마저 생각대로 되지 않아 괴롭다네."라고 대답했습니다. 그러자 "너무 그렇게 낙심하지 말게." 하며 위로하고 돌아갔습니다. 또 한 시간쯤 지나자, 이번에도 발소리를 내며 다가오는 자가 있었습니다. "녹나무야, 몸은 좀 어때?" 하는 소리가 들리자, 녹나무가 또 이전과 같은 소리로 "그렇게 말하는 것은 하야치네 산(早地峰)에 사는 소나무가 아닌가? 나는 도저히 가망이 없다네. 이렇게 자네들이 매일밤 문안을 와주니 면목이 없네."라고 말했습니다. "아! 그 정돈가? 별 일 없을 터이니 염려하지 말게나. 오늘밤은 이쓰하 산(五葉山) 쪽으로 놀러 가는 길에 들른 거라 이렇게 자네도 볼 수 있었지만, 서로 동쪽과 북쪽에 있어서야 만나기도 힘들 걸세. 그럼, 봄이 되면 다시 회복될 테니까 너무 상심하지 봄을 기다리는 것이 좋겠네." 하고, 소나무도 역시 조금 전처럼 소리를 내며 돌아갔습니다. 할아버지는 들을 수 있는 두건을 쓰고서 이 이야기를 다 들었습니다.

아침이 되자 병자의 머리맡으로 가서 언제나처럼, "이십 리를 기어가는 칡잎."이라는 주문을 외우고 나서, 간밤에 나무들이 주고받은 이야기를 상세히 들려주었습니다. "이는 처마 밑에 있는 녹나무만의 고통이 아닙니다. 여러 곳에 있는 높은 산의 나무까지도 이 때문에 큰 어려움을 겪고 있으므로, 빨리 그 나무를 파내 버리시오."라고 가르쳐 주었습니다. 그래서 나무뿌리를 파내고 뜰에다 신처럼 모셨더니, 주인나리의 병도 얇은 종이를 벗겨내듯이 나날이 좋아졌습니다. 부잣집 사람들은 모두 크게 기뻐하며 그 사례로 역시 삼백 냥을 주었습니다. 할아버지는 그 돈을 받아 집으로 돌아온 뒤부터는 더 이상 욕심을 내지 않고 점치는 일을 그만두고 자신도 평범한 부자가 되어 살았다고 합니다.

_리쿠추(陸中)지역 가미헤이군(上閉伊郡)

참새를 모신 사당

옛날 옛날에 야슈(野州)[1]지역의 어느 시골에 찐빵을 씹지 않고 통째로 삼켜 먹는 것을 자랑으로 여기는 묘한 사람이 살고 있었습니다. 이 사람은 어떤 나쁜 사람이 그 버릇을 잘 알고 몰래 바늘을 찐빵 속에 넣어둔 것을 모른 채, 여느 때와 같이 찐빵을 씹지 않고 통째로 삼켰습니다. 그러자 배가 아프고 괴로워서 자리에 눕고 말았습니다. 누워 있으면서 장지문을 열고 밖을 내다보고 있으려니, 참새 한 마리가 뒤뜰에 있는 부추 밭에 와서 끊임없이 부추 잎을 쪼아먹고 있었습니다. '왜 그럴까?' 생각하며 날마다 주의 깊게 지켜보고 있었습니다. 그러는 사이에 참새의 꽁무니에서 부추 잎에 싼 작은 바늘조각이 떨어졌다고 합니다. 이 사람은 "이는 신께서 부추 잎을 먹으면 바늘이 나온다는 사실을 참새에게 가르쳐 주신 것이 아닐까?" 생각하고서, 시험 삼아서 자기도 부추 잎을 많이 먹어 보았습니다. 그러자 정말로 바늘이 나와서 통증이 말끔히 없어지고 말았습니다. 그래서 기뻐하며 신사(神社)를 세운 것이 참새의 사당(雀の宮)으로, 이 명칭은 지금까지도 그 근처의 정거장 이름으로 남아 있습니다.

---

1 일본의 옛 지명으로 시모쓰케노구니(下野国)의 다른 이름이다. 지금의 도치기현(栃木縣) 남부지역이다.

먹도미 대명신

옛날에 도사(土佐)[1]지역의 깊은 산속에 있는 마을로 생선장수가 생선을 팔러 들어갔습니다. 조용한 산길 옆에 있는 숲 사이에 누군가가 덫을 놓아 두었던지, 산새 한 마리가 덫에 걸려 있는 것을 보았습니다. 생선장수는 그 모습을 보고 산새를 갖고 싶었습니다. 하지만, 그냥 갖고 가는 것은 좋은 일이 아니고 거기에 마침 사람이 아무도 없었기 때문에 산새 대신에 자기 바구니 안에 든 먹도미 세 마리를 덫에 끼워놓은 뒤, 잠자코 그 산새를 갖고 돌아왔습니다. 그 뒤에 마을 사람들이 그곳에 와서 보고, 산에 먹도미가 있는 것도 아주 이상한데, 먹도미가 산새 덫에 걸려 있는 것은 더욱 예삿일이 아니라고 생각했습니다. 아마도 이는 천신(天神)께서 계시를 내리신 것이라고 생각해서, 모두 의논 끝에 곧장 바로 작은 사당을 지었습니다. 그리고 그 먹도미 세 마리를 소중히 모셔두고, 권현(權現) 신으로 삼아 제사를 올렸습니다. 그 소문이 전해지자 여기저기서 참배하러 오는 사람들이 있었고 사당은 매우 번창했습니다. 나중에 생선장수가 다시 찾아 와서 산새를 갖고 간 이야기를 하기 전에 이미 번성한 사당이 되었다고 합니다.

1 일본의 옛 지명이다. 지금의 고치현(高知縣) 중부지역이다.

도마뱀 모양을 한 메누키

옛날에 어떤 훌륭한 조각가 한 명이 아직 전혀 세상에 이름도 알려지지 않고 가난하게 살고 있던 때의 이야기라고 합니다. 어느 날 뜰에 내려가서 도마뱀 한 마리가 돌 사이에서 놀고 있는 것을 발견했습니다. 도마뱀의 모습이 너무 아름다워 언제까지나 물끄러미 보고 있는 동안에 갑자기 이것을 조각해 보아야겠다는 마음이 생겼습니다. 그 도마뱀의 모습을 본떠서 이윽고 은으로 된 메누키(目貫)[1] 한 개를 만들었습니다. 내가 만들었지만 잘 만들었다고 생각하여 그것을 골동품 상점으로 들고 갔습니다.

그러자 골동품 상점에서 바로 사줄 뿐만 아니라, 나중에 하나 더, 하나 더 잇달아 주문을 하였습니다. 어느 것이나 잘 만들었다고 칭찬을 받고, 사람들의 좋은 평판을 듣게 되어 아무리 만들어도 팔리지 않는 일이 없었습니다. 차츰 수입도 많아져서 풍족한 생활을 할 수 있게 되었습니다. 다만 이상한 일은 이 메누키를 만들기 시작하면서부터 언제 뜰 앞으로 나가 보아도, 여름이나 겨울이나 꼭 똑같은 도마뱀이 돌 틈에서 나와 눈앞에서 놀고 있었다고 합니다. 처음에는 별로 대수롭지 않게 생각했으나, 나중에는 점점

---

1 도검의 손잡이 옆에 장식용으로 붙이는 쇠붙이를 가리키는 말이다.

그 일이 신경이 쓰이고 어쩐지 기분 나쁘게 느껴졌습니다. 게다가 다른 사람 눈에는 조금도 보이지 않고 다만 본인에게만 보이는 것이었습니다.

조각가는 마침내 견딜 수 없어서 어느 날 작심하고 작은 돌을 내던져서 그 도마뱀을 죽여버렸습니다. 그랬더니 그때부터 좋은 평판을 듣던 세공(細工) 기술이 갑자기 형편없어지고, 어쩌다 만들어도 누구 하나 사려는 사람이 없었습니다. 도마뱀 메누키를 사려는 주문은 완전히 끊기고 어느 사이에 다시 원래대로 가난한 조각가가 되어 버렸다고 합니다.

나가사키의 어석

옛날에 중국 사람을 당인(唐人)이라고 부르던 무렵, 나가사키(長崎)에 있는 이세야(伊勢屋)라는 집과 친하게 지내던 당인(唐人)이 한 사람 있었습니다. 그 사람이 이제 자기 나라로 되돌아가기 전에 이세야에 한번 놀러왔습니다.

당인은 이세야에 놀러와서 광의 돌담으로 쌓아 놓은 작은 청석(靑石) 하나를 보고, 섰다 앉았다 되풀이한 끝에 마침내 "저 돌을 꼭 저에게 넘겨주십시오." 하고 주인에게 간곡히 부탁했습니다. 주인은 "저한테는 쓸모없는 돌이므로 드리기는 어렵지 않지만, 이 돌 하나를 빼내면 돌담이 무너질지도 모릅니다. 무너지고 다시 쌓으려면 너무 번거로우므로, 다음에 건너오실 때까지 담을 수리할 기회가 있을 테니, 그때에 반드시 그 청석을 빼 놓았다가 드리지요." 하고 대답했습니다. 당인은 "돌담을 다시 쌓는 데에 돈이 든다면 그 대금으로 백 냥을 내놓겠습니다. 저는 다음에 다시 올지 어쩔지 모르기 때문에, 꼭 지금 사서 돌아가고 싶습니다." 하고 청했습니다. 이세야(伊勢屋)의 주인인 구자에몬(久左衛門)은 백 냥이라는 말에 비로소 이 돌이 매우 귀중한 것이라는 것을 깨닫고, 조금 욕심이 나서 오히려 그 자리에서 내놓는 것을 아까워했습니다. 그래서 이러쿵저러쿵 거절할 핑계를 대자 당인이 결국에는 삼백 냥까지 내겠다고 말했는데도, 도무지 파는 것을 승낙하지 않았습니다.

그런 다음에 결국 그 당인이 탄 배가 떠나버린 뒤에 일부러 그 청석을 파내어 보았습니다. 그리고 구슬 다듬는 직공을 불러서 감정을 하도록 했습니다. 직공은 "정말 보통 돌은 아닌 것 같다."라고 말할 뿐, 직공이 조금씩 갈아 보아도 빛도 나지 않고, 별로 이렇다 할 특별한 점도 없었습니다. 너무 이상해서 정으로 쪼개해 보았더니, 한가운데가 두 개로 쪼개지며 속에서 물이 나오고, 그 물과 함께 금붕어 같이 생긴 작고 붉은 붕어가 튀어 나와서 금세 죽고 말았습니다. 주인은 "이거, 정말 아까운 짓을 했군. 삼백 냥이란 돈을 손해 봤어."라고 후회했습니다.

그 다음해에 당인이 이번에는 천 냥이나 되는 돈을 가지고 청석을 사기 위해 다시 찾아왔습니다. 이세야(伊勢屋)의 주인은 너무 아쉬워하며 자세하게 상황을 얘기했습니다. 그러자 당인도 눈물을 흘리며 슬퍼했습니다. "그 돌은 우리들도 이름만 들었을 뿐, 그 외에는 아직 한번도 본 적이 없는 어석(魚石)이라는 보물이었습니다. 그 돌을 둘레부터 천천히 갈아서 가운데 물이 담긴 부근까지 갈아 놓으면, 물빛이 속에서부터 들여다보이고, 두 마리의 금붕어가 그 안에서 놀며 돌아다니는 모습은 이 세상에서 두 번 다시 볼 수 없을 정도로 아름답지요. 그 모습을 아침저녁으로 보고 있으면 자연히 마음의 수양이 되고 목숨이 늘어나는 덕이 있다고 전해져서, 왕후귀족이 어떤 대가를 치르고서라도 손에 넣고 싶어 하는 물건이었습니다. 저는 그것을 본국으로 가지고 돌아가, 살

사람을 찾아서, 일가친척과 함께 일생을 편안하게 보내려고 생각하고 있었는데, 이제는 그 바람도 허무하게 되었습니다. 그런 천하의 기이한 구슬이 세상에 숨어 있고, 또 오랫동안 전해지지 않은 것도 천명(天命)이었을지 모르겠습니다. 제가 처음부터 이 얘기를 해 두었으면 좋았을 텐데, 아무 말도 않고 사려고 했던 것이 잘못이었습니다. 이번에야말로 천 냥의 세배가 되더라도 꼭 살 생각으로 이와 같이 준비해 왔습니다."라고 삼천 냥이 든 돈 꾸러미를 내보였습니다. 그리고 낙담하여 중국으로 돌아가고 말았다고 합니다.

중국 상인은 속으로 생각한 바를 얼굴에 드러내지 않고 또 어떤 경우에도 가격을 흥정하는 버릇이 있고, 일본 상인은 물건의 가치를 모르고 그저 욕심만 많았기 때문에 옛날에는 때때로 이런 터무니없는 손실이 있었다고 합니다.

오이 대사건

옛날에 하치만타로 요시이에(八幡太郎義家)[1]와 아베노 세이메이(安陪晴明)[2], 그리고 다다아키(忠明)[3]라 부르는 명의(名醫)와, 게다쓰지(解脫寺) 절의 간슈 승정(觀修僧正)이라는 명승(名僧), 이 네 사람이 미도 간파쿠 미치나가(御堂關白道長)[4]집에서 만난 적이 있었다고 합니다.

그 날은 오월 일일이었는데, 나라(奈良)에서 일찍 열린 오이를 한 상자 바치러 왔습니다. 오늘은 미치나가 나리가 모노이미(物忌)[5]를 해야 할 날인데, 이렇게 밖에서 들어온 물건을 안으로 들여

---

1 헤이안(平安)시대 후기의 무장인 미나모토노 요시이에(源義家)의 통칭이다. 그가 이와시미즈하치만구(石淸水八幡宮)에서 간푸쿠(元服, 오늘날의 성인식)를 한 데서 유래한다. 이와시미즈하치만구는 교토의 하치만시에 위치한 신사이다.

2 헤이안시대 중기의 유명한 역술가이다. 일본 각지에 아베노 세이메이에 관한 전설이 많이 전해지고 있다.

3 헤이안시대의 명의로 알려진 단바노 다다아키(丹波忠明)를 가리킨다. 『곤자쿠 모노가타리슈(今昔物語集)』라는 일본설화집의 제24권에 다다아키의 뛰어난 의술에 대한 일화가 수록되어 있다.

4 헤이안시대 중기의 귀족인 후지와라노 미치나가(藤原道長)를 가리킨다. 스스로 미도 간파쿠(御堂關白)라고 칭한 데서 유래한다. 원래 '미도'는 절의 법당이라는 의미이다. 그리고 '간파쿠'는 청황의 대리를 수행하는 역직 이름이다.

5 어느 특정한 기간 동안에 음식이나 행동을 삼가며 몸을 정결하게 하고 부정(不淨)을 피하는 것을 가리킨다.

도 좋을지 망설여지자, 곧 아베노 세이메이가 먼저 점을 쳐서, 이 오이 중에는 독기(毒氣)가 들어있는 것이 한 개 있다고 말을 했습니다. "그렇다면…." 하고 간슈 승정에게 주문을 외도록 하자, 그가 잠시 주문을 외고 있는 동안에 많이 들어 있는 오이 중에서 한 개가 펄쩍 펄쩍 뛰어올랐으므로, 그 오이에 독기가 들어있다는 것을 알 수 있었습니다. 그 다음에는 의사인 다다아키가 바늘을 써서 그 독기를 없애라는 명을 받고, 그 오이를 손에 들고 여러 번 돌려가며 두 군데에 바늘을 찌르니, 오이가 더는 뛰어오르지 못하게 되었습니다. 마지막으로 하치만타로 요시이에가 허리에 찬 단도를 빼내어 그 오이를 잘라 보았습니다. 그러자 과연 아베노 세이메이의 점괘대로 그 오이 안에는 작은 뱀이 한 마리 들어 있었습니다.

그리고 의사 다다아키가 찌른 두 개의 바늘은, 정확하게 그 뱀의 양쪽 눈을 찌르고 있었고, 하치만타로 요시이에의 단도는 그저 단순히 오이를 자르는 것처럼 보였지만, 정확하게 작은 뱀의 머리를 잘랐다고 합니다.

사후의 점

옛날에 홋코쿠 가도(北國街道)[1]에 있는 어느 한적한 마을에, 교토(京都)로 돌아가는 여행객이 몇 명인가 하인을 데리고 저녁 무렵에 들어왔습니다. 마을에는 별다른 좋은 숙소가 없어서, 여자 혼자 살고 있는 집에 부탁하여 하룻밤을 머물렀습니다.

다음날 아침 여행객이 일찍 일어나서 집을 나서려고 하자, 집 안주인이 뒤따라와서 "당신은 저에게 천 냥 빚이 있습니다. 그것을 갚고 가십시오."라고 했습니다. 하인들은 너무 갑작스런 말에 황당해 하면서 화를 내거나 비웃었습니다. 그러자 여행객은 "잠깐 기다려라." 하고 조용히 하인들을 제지하고서, 어쨌든 다시 돌아와서 자세하게 그 영문을 들었습니다. 안주인은 "어떤 이유인지는 저도 모르지만, 아버지가 돌아가실 때 저를 앞에 불러놓고는 '십 년 뒤 몇 월 며칠에 북쪽지방에서 여행객이 와서 묵을 것이니, 그 사람에게 이야기하면 천 냥의 돈을 돌려주실 것이다.'라고 간곡히 말씀하시고는 돌아가셨습니다. 그 말씀을 믿고 기다리고 있던 참에, 마침 그 날짜에 당신이 와서 숙박하셨으므로 틀림없을 거라고 생각했습니다." 하는 것입니다. 여행객은 "그렇구나! 이제 알겠어!

1 호쿠리쿠도(北陸道)와 나카센도(中山道)를 연결하는 가도 이름이다.

당신 아버님은 점쟁이였을 것이오. 그래서 십 년도 전에 오늘 내가 올 것을 알고 있었으니 그런 말을 남겼을 것이오. 알겠소. 잘 알겠어. 그렇다면 지금 즉시 천 냥을 갚겠소." 했습니다.

실은 이 여행객도 유명한 점쟁이였던 것입니다. 그래서 다시 어젯밤에 묵은 크고 누추한 집으로 들어가 집안을 여기저기 걸어 다녔습니다. 그러고 나서 맨 나중에 안쪽 방에 있는 한 기둥 옆에 다가가서는 탕탕하고 두들겨 보았습니다. 그 기둥만은 안이 텅 비어 있어서, 다른 기둥과는 소리가 달랐습니다. "약속한 천 냥은 이 기둥 안에 들었을 것이오. 즉시 꺼내어 될 수 있는 대로 소중히 사용하시오."라는 말을 남기고, 그 여행객은 교토 쪽으로 떠났습니다.

여자의 아버지는 십 년도 전에 자신의 딸이 한 번쯤은 어려움을 겪을 것이라는 사실을 알고 있었습니다. 그래서 그때를 대비해서 점을 치고, 마침 그때 교토에서 뛰어난 점쟁이가 와서 묵을 것을 봐 둔 것이었습니다. 점술과 아버지의 사랑, 어느 한 쪽이라도 부족했더라면 도저히 이런 계획은 세울 수가 없었을 겁니다.

거지의 돈

옛날에 도쿄(東京)가 아직 에도(江戶)였던 시절, 아사쿠사(淺草)에 있는 후쿠이(福井)라는 곳에 젠고로(善五郞)라는 가난한 사람이 살고 있었습니다. 평소에 다이코쿠(大黑) 신[1]을 깊이 믿었지만 조금도 돈이 생기지 않고, 어느 해 그믐날에는 마침내 살림이 어려워져서 이제 굶어 죽을 수밖에 없을 정도가 되었습니다. 그 사람은 굶어 죽을 정도라면 차라리 근처에 있는 부잣집으로 들어가서, 조금이라도 돈을 훔쳐 가지고 와서 적어도 이번 설만큼은 편하게 지내려 생각하였습니다.

그래서 그 일을 아내에게 의논하자, 아내는 도둑질을 하느니 차라리 굶어 죽는 편이 낫다고 하며 찬성하지 않았습니다. 그런데도 아직 포기할 수가 없어서 아내가 잠든 것을 보고, 집을 나와 근처의 큰 집 담 밖에 서서 집안을 엿보았습니다. 그런 다음 어떻게 해서든지 안으로 들어가고자 그 집 판자 울타리에 손을 짚고 넘어가려 했습니다. 그렇지만 눈이 온 뒤였기 때문에 주르륵 발이 미끄

1 다이코쿠(大黑)란 다이코쿠텐(大黑天)의 약칭이다. 불교의 밀교 계통 수호신을 의미한다. 또는 칠복신(七福神) 중 한 명으로 머리에는 두건을 쓰고 왼쪽 어깨에 커다란 자루를 메고 있는 모습으로 전해진다. 일본신화에 등장하는 오쿠니노미코토(大國主命)와 합해져서 일본의 민간신앙에서 폭넓게 신앙되고 있다.

러져 밖으로 떨어진 탓에 기절하고 말았습니다.

그러자 마치 꿈을 꾸는 것처럼 다이코쿠 신의 모습이 거기 나타나고 그 주변이 눈부시게 환히 빛나며 그의 발밑에는 금은보화가 산처럼 많이 쌓였습니다. "오랜 세월 동안 하루도 치성을 게을리한 적이 없는 이 사람에게 어찌하여 이렇게 많은 보물을 조금이라도 베풀어주지 않으십니까?"라고 물었습니다. 다이코쿠 신은 "그대에게는 내려줄 복이 조금도 없네. 이 금은보화에도 주인이 있어. 그 주인에게 부탁해서 빌리는 수밖에 다른 방법이 없을 거야." 하고 말씀했다고 합니다. "그럼 그 주인은 어디에 있습니까?" 하고 묻자, "바로 이 앞에 있는 다리 옆에서 자고 있는 거지가 이 금은의 주인이네."라고 대답했습니다.

가난한 남자는 그 말에 깜짝 놀라서 제정신으로 돌아왔습니다. 원래 천성이 정직한 젠고로였기 때문에 다이코쿠 신이 가르쳐준 대로 다리 옆으로 가보았습니다. 정말 그곳에는 지저분한 거지 한 사람이 거적을 뒤집어쓰고 추운 날씨에 용케도 잘 자고 있었습니다. 그를 흔들어 깨워 사정을 자세히 말하고, 증서를 써 줄 테니 삼백 냥만 빌려달라고 하자, 거지도 놀라 잠에서 깨어 "그럴 리가 있는가?" 하고 의심하였습니다. "그래도 다이코쿠 신의 계시가 틀림없을 것이오. 꼭 빌려주시오." 하고, 그 거지를 집으로 데리고 왔습니다. 삼백 냥을 빌린 증서를 써서 건네주고, 이제부터 친척처럼 잘 지내자는 약속을 했습니다. "자, 이렇게 해두면 이제 돈이 발견될지도 몰라. 우선 내 집부터 찾아보자." 하고서, 아내도 같이 거들도록 하여 마루판자를 들어 올린 다음 툇마루 밑을 구석구석 살펴보았습니다. 모퉁이 쪽에 조금 높게 올라온 부분이 있었는데, 그

땅 속에서 정확하게 삼백 냥의 돈이 나왔습니다. 그것을 밑천으로 돈을 버는 사이에 점점 살림살이가 넉넉해졌습니다. 물론 그 거지도 얼른 데리고 와서, 거지의 몫을 분배한 다음 집안을 꾸리게 하여, 두 집안이 함께 번창하였습니다.

그렇지만 젠고로 부부에게는 아이가 없었습니다. 그래서 나중에 거지 집안에서 양자를 들여 그 재산을 물려주었기 때문에 결국은 다이코쿠 신의 계시대로 복은 전부 거지 집안의 것이 되어 버렸다는 이야기입니다.

너무 줍다

다음 이야기도 에도(江戶)시대의 옛날 이야기입니다. 옛날에 아오야마(青山)에 몬나스케 사에몬(門奈助左衛門)이라는 부자 무사가 살았습니다. 그의 하인 중에 매우 정직한 아무개라는 남자가 있었습니다. 연말 십이월 이십팔일에 주인의 심부름으로 아사쿠사(淺草)에 있는 구라야도(藏宿)[1]에 가서 돈 오십 냥을 받았다가 그것을 소중히 지갑에 넣어 목에 걸고 지금의 아오야마 전찻길이 있는 교쿠류지(玉龍寺) 절 앞까지 와서 길이 좋지 않았던 탓에 넘어졌습니다.

서둘러 집으로 돌아와 더러워진 손을 씻으려고 방문 위쪽에 그 지갑을 걸어두었는데, 손을 씻고 나서 이를 완전히 잊어버린 채 주인 무사에게 갔습니다. 그런데 다녀온 일을 말씀드리려고 하는데 지갑이 없었습니다. 하인은 당황하여 아무 말도 하지 못하고 뛰쳐나가, 서둘러 교쿠류지의 문 앞까지 가보았습니다. 다행히 아직 사람이 다니지 않아서 금화가 사방으로 흩어진 채 반짝이고 있었습니다. 그것을 주워 모아 세어보니 서른여덟 냥이었습니다. 열

1 에도(江戶)시대에 아사쿠사(淺草)에 있던 후다사시(札差)의 점포를 가리킨다. '후다사시'란 에도시대에 주인을 대신해서 쌀을 거두거나 파는 일을 보면서 수수료를 챙기고 쌀을 담보로 해서 금은을 대여하는 일을 하던 사람을 말한다.

두 냥이나 부족해서는 곤란하지만, 어쨌든 주인에게 사정을 얘기하고 뒷일은 어떻게든 해보기로 하고 집에 돌아와 보니, 방문 위의 구부러진 못에 바로 자기의 지갑이 걸려있었습니다. 그렇다면 이것은 따로 주운 금화였다는 사실을 깨닫고 사방으로 이 사실을 알려 기다리고 있었지만, 아무리 기다려도 금화의 주인이 나타나지 않았습니다.

뜻하지 않게 자신이 갖게 되어 그 돈을 밑천 삼아 점점 성공하게 되었습니다. 이것은 바로 하인이 평소에 정직했던 것에 대한 보답일 것입니다. 처음에 절 앞에서 넘어진 것도 아마 서두르다가 그 금화에 미끄러져서 넘어진 것이리라는 이야기가 전해집니다.

산적의 동생

옛날에 에치고(越後)[1]지역의 어느 농가에 형제가 살았습니다. 형은 어렸을 때부터 성질이 좋지 않아서 부모도 단념하고 의절을 하자 어디론가 가버렸습니다. 그 동안에 아버지는 병들어 돌아가시고, 동생은 어머니께 효도하는 착한 아들이었지만, 아무리 해도 살림을 꾸려나갈 수가 없어서 조금 있던 전답은 팔아버리고, 어머니는 친척집에 맡겼습니다.

그리고 동생은 십육칠 세 무렵에 에도(江戶)로 나와서, 어느 의사 집의 하인으로 들어갔습니다. 동생은 매우 성실하고 정직하게 일 했으며, 봉급은 한 푼도 헛되이 쓰지 않았습니다. 그리하여 십년 정도 사이에 여러 가지 받은 물건과 이것저것을 합하여, 벌써 열서너 냥의 돈을 모을 수 있었습니다. 그래서 주인에게 사정을 자세히 말하고 "부디 어머니가 아직 건강하실 때, 이 돈을 가지고 태어난 고향에 돌아가 팔았던 논밭을 되찾고, 집을 마련하고자 합니다."라고 청했습니다. 주인도 착한 마음씨에 감동해서 별도로 여비를 전별금(餞別金)으로 주었습니다.

동생이 에도를 떠나 아득히 먼 에치고 지역으로 돌아가는 도중

[1] 일본의 옛 지명이다. 지금의 니가타현(新潟縣)의 대부분 지역이다.

에 조슈(上州)의 산길에서 산적을 만나, 지갑에 든 돈은 물론이고 옷과 지니고 있던 물건들도 남김없이 빼앗기고 빈털터리가 되어 버렸습니다. 동생은 '십 년 남짓이나 새까맣게 탈 정도로 부지런히 일해서 모았던 것을 하루아침에 빼앗겨 버리다니 얼마나 어이없는 일인가.' 하는 생각이 들어 "어쨌든 이 꼴로는 고향에 돌아가도 아무 소용이 없고 더 이상은 갈 곳도 없으니, 당신의 부하나 하인이라도 되겠소. 그러니 당신이 사는 곳에서 지내게 해 주시오." 하고 산적에게 부탁해 보았습니다. 그러자 산적은 정말 가엾다고 생각했던지 방금 빼앗은 물건을 꾸려서 동생에게 짊어지게 하고, 속옷 하나만을 입혀서 자신의 소굴로 데리고 갔습니다.

이삼일 정도 산적의 소굴에서 지내는 동안에 여러 가지로 생각해 보았으나, 도적질은 도저히 자신이 할 만한 일이 못 될 것 같았습니다. 아직 젊으니까 다시 한 번 에도에 가서 일하는 편이 낫겠다고 생각하고, 산적에게 그 생각을 말하자 그도 허락했습니다. 동생이 "옷은 속옷 하나만이라도 좋으니, 칼은 길을 가다가 개를 쫓을 수 있게 꼭 되돌려 주십시오. 그 칼은 제가 용돈을 모아서 일부러 야나기하라(柳原)[2]까지 가서 구해온 칼이니까요."라고 부탁했습니다. 그러자 산적은 "정말 당연한 말이지만, 일단 빼앗은 물건을 되돌려 주는 것은 산적에게 있을 수 없는 일이다. 칼이라면 이같이 많이 있다. 한 자루 줄 것이니 이 중에서 어느 것이라도 가지고 가라."라고 말했습니다. 그리고는 안에서 줄로 묶여 있는 칼을 한

2 일본에는 전국적으로 야나기하라라는 지명이 산재해 있다. 본문만을 읽어서는 어느 지역의 야나기하라인지 특정하기가 쉽지 않다. 이야기 서두에 에치고지역이 등장하는 것을 보면 지금의 니가타현(新潟縣)에 속하는 야나기하라인 것이 분명하다.

아름이나 가지고 와서 보여주었습니다. 동생은 "그럼, 주는 대로 받겠습니다." 하고 제법 녹슨 칼을 한 자루 받아서 산적의 소굴을 나왔습니다.

에도에서는 이전 주인밖에 의지할 만한 집이 없었습니다. 그래서 다시 돌아가서 이번에 당한 재난을 처음부터 끝까지 말하고, 다시 그 의사 집에서 일하게 되었습니다. 그런데 이 주인은 일찍이 도검(刀劍)을 좋아하는 사람으로, 자주 이를 감정하는 일을 즐기고 있었습니다. 산적에게 칼을 받았다는 이야기를 듣고서 재미있어 하며 한 번 보고 싶다고 하였습니다. 동생은 칼을 가지고 와서 보여주었습니다. 그러자 "이는 아주 쓸만한 칼이다." 하고 그 방면에 식견이 있는 사람에게 감정을 받았습니다. 그랬더니 역시 훌륭한 명품이었으므로 바로 서른 냥에 칼을 사 준 사람이 나타났습니다. 동생은 "이는 참으로 뜻밖의 행운입니다만, 이 돈이 생긴 이상은 역시 하루라도 빨리 돌아가고 싶습니다." 하고, 다시 주인의 허락을 얻어 고향을 향해 떠났습니다.

조슈에서 산을 넘어가는 길은 한번 혼이 났기 때문에 그만두고 다른 길로 돌아갈까도 생각했지만, 여러 가지 궁리한 끝에 다시 그 길로 가기로 했습니다. 게다가 일부러 산적이 있는 소굴에 들렀습니다. 동생은 "두목님, 그 동안 별고 없으셨나요? 저는 전에 함께 있던 여행자입니다. 에도에서 그 칼이 서른 냥에 팔렸습니다. 제가 뺏긴 돈은 열다섯 냥으로, 이 돈을 모두 갖기에는 너무 염치가 없으므로, 반을 되돌려 주러 왔습니다." 했습니다. 그러자 산적들은 놀라서 잠시 동안 아무 말도 않고 서로 얼굴을 마주보고 있었습니다. 그 사이에 두목은 이 남자를 지그시 바라보며, "너는 에치고 사람이라고 했는데, 도대체 에치고 어디 마을 출신이냐?" 하고 물었습니다. 동생은 사는 곳과 부모 이름 등을 자세히 말했습니다. 그러자 두목은 크게 한숨을 내쉬었습니다. 두목은 "어쩐지 처음부터 이상한 예감이 들더니, 혹시 진짜 그런 것이 아닌가 하고 견딜 수 없었다. 나쁜 짓은 할 수가 없구나! 나는 십 몇 년 전에 부모님께 의절을 당한 너의 형이다. 너는 어렸으므로 얼굴을 기억할 수 없겠지만, 나는 결국 이런 산적이 되었단다. 같은 피를 나눈 형제인데도 이렇게 심성이 다른 것일까?" 하며, 헤어진 부모를 떠올리며 둘이서 같이 울었습니다.

그리하여 같은 패거리 산적 모두를 불러 "오랫동안 함께 지냈지만, 나는 이제 산적을 그만두고 돌아가야겠다. 여기 모아둔 것 중에서 그저 조금만 여비로 가지고 가겠다. 나머지는 모두 어떻게든 처리하거라."라고 말하고, 형은 동생과 함께 태어난 고향으로 돌아갔습니다. 그리고 부모가 팔았던 전답을 다시 사들이고, 자신은 일단 의절 당했던 사람이라서 동생에게 집안의 대를 잇도록 말했습니다. 하지만 동생은 형이 뭐라고 해도 이를 받아들이지 않았습니다. 그렇게 형제가 서로 양보하고 있는 사이에 형은 무슨 생각을 했는지 머리를 자르고 출가를 하여, 다시 간 곳을 알 수 없게 되었다고 합니다.

옛날의 에치고 덴키치(越後伝吉)를 비롯하여, 이전에는 이처럼 형제애가 두터운 젊은 사람들이 마을에 많았다는 이야기는 사실일 것입니다. 단지 그 이야기가 이렇게 자세하게 에도까지나 전해졌다는 것만은 조금 신기합니다.

역사와 우부메

옛날에 우고(羽後)[1]지역 옆에, 세노미 고로헤에(妹尾五郎兵衛)라는 사람이 살았습니다. 어느 날 날이 샐 무렵에 헤비노사키(蛇の崎)라는 다리를 지나는데 다리 옆에 젊은 여자가 서서 "잠시 이 아이를 안고 있어 주십시오."라고 말하고, 갓난아이를 맡기고서 어디론가 가버렸습니다.

갓난아이는 안고 있는 동안에 점점 무거워지며 기지개를 펴거나 무서운 눈초리로 고로헤에를 쳐다보기도 했지만, 고로헤에는 용기가 있는 사람이었기 때문에 지그시 참고서 안고 있었습니다. 그 사이에 여자가 돌아와서 크게 감사해 하며 금 지갑을 주려고 했습니다. 고로헤에가 그런 것은 바라지 않는다고 거절하자, 여자는 "그러면 힘을 드리지요." 하고, 수건을 하나 주고 갔습니다. 다음날 이 수건으로 세수를 하려고 수건을 짜자 두 조각으로 끊어지고, 한 번 더 짜자 네 조각으로 끊어졌기에 비로소 우부메(産女)[2]한테 큰 힘을 받은 사실을 깨달았습니다.

---

1 일본의 옛 지명이다. 이 지역의 대부분은 지금의 아키타현(秋田縣)에 속하고 일부는 야마가타현(山形縣)에 속한다.

2 아이를 낳고 산욕(産褥)하는 여자 또는 출산하다가 죽은 여자가 변했다고 하는 요괴이다. 우부메에 대한 민담이 일본각지에 폭넓게 전해지고 있다.

이 사람에 대한 이야기는 다양하게 전해지고 있습니다. 어느 때는 헤비노사키 다리 위에서 큰 나무를 끌고 오는 인부와 싸우다가 그 나무를 들어서 강 속으로 던져 버렸습니다. 그 나무를 끌어올리는 데 오십 명의 인부가 동원되어 사흘이나 걸렸다고 합니다.

아마도 이와 비슷할 것으로 생각되는 이야기가 또 다른 방식으로 전해지고 있습니다. 옛날에 우메쓰 주헤에(梅津忠兵衛)라는 근처에 사는 무사가 밤중에 교대를 하기 위해 성에 오르려고, 시로야마 길(城山路)에 있는 시치마가리(七曲り)라는 곳을 지나다가 여인과 마주쳤습니다. 그 여인은 "오늘밤에 무척 힘든 일이 하나 있는데, 꼭 당신의 도움이 필요해서 여기 와서 기다리고 있었습니다. 부디 잠깐만 이 아이를 안고 있어 주십시오."라고 말하고, 아직 배냇머리도 자르지 않은 갓난아기를 주헤에(忠兵衛)에게 맡겨두고, 갑자기 나는 듯이 금세 어디론가 사라져 버렸습니다. 주헤에는 갓난아기를 안고는 일하러 갈 수도 없으므로 거기 서서 얼마쯤 기다리고 있었습니다. 그 동안에 아기가 점점 무거워져서 처음에는 다섯 관(貫) 정도나 될까 생각했는데, 열 관, 스무 관, 그리고 서른 관이나 되게 무거워져 금이나 돌과도 비할 바 없는 무게였습니다.

그러다가 너무 힘들어서 정신을 잃고 무의식중에 염불을 외자 갑자기 아기는 모습조차도 없어지고, 자기 혼자서만 멍하니 서 있었습니다. 그때 여인이 다스키(襷)[3]를 걸치고 땀을 흘리며 힘든 일을 한 듯한 얼굴빛을 하고 돌아왔습니다. 여인은 "지금 당신의 그 염불 덕분에 모자가 모두 살았네. 나는 이 산속에 사는 우지가

[3] 옷소매를 추리기 위해서 어깨에서 옆구리에 걸쳐 매는 끈이다.

미(氏神)[4]로, 오늘밤에 우지코(氏子)[5]인 아무개 집에 출산이 있는데, 내 힘만으로는 어려울 것 같아서 무사 중에 염불을 욀 사람을 찾아서 그의 도움을 청하려고 했던 것일세. 배냇머리가 자란 갓난아기는 아직 태어나기 전의 영혼이고 그 아이가 무거워진 것은 마침 출산이 힘들었기 때문인데, 염불 덕택에 아이가 무사히 태어나 이런 기쁜 일이 없네그려. 감사의 뜻으로 자손만대에 큰 힘을 내려주겠네."라고 말하고는 모습이 보이지 않게 되었습니다.

다음날 아침, 얼굴을 씻으려고 수건을 짜자 수건이 끊어져서 두 조각이 되고, 또 한 번 접어서 다시 짜보자 수건이 네 조각으로 끊어졌습니다. 무사는 비로소 어젯밤 산속에서 힘을 내려 받은 사실을 깨달았다고 합니다. 그런 다음에 그 우지코가 사는 집을 찾아가 보았습니다. 그러자 과연 어젯밤에 출산이 있었고, 심한 난산으로 힘들었던 때가 바로 안고 있던 갓난아기가 무거워졌던 때였다는 것입니다.

---

4 씨족의 조상신을 의미한다. 혹은 살고 있는 지역의 지역수호신을 의미하기도 한다.
5 우지가미(氏神)라고 하는 조상신을 공통으로 모시는 자손을 말한다.

여자 장사

옛날에 기슈(紀州)[1]지역에 게하라(毛原)의 묘가(茗荷)라고 하는 사람이 살았습니다. 어느 날 이 마을에 있는 관음 연못(觀音淵) 위를 지나고 있을 때, 갑자기 아름답고 기품 있는 여인이 나타나서, "제발 부탁이니 이 연못 밑에 있는 반짝이는 물건을 없애 주십시오. 저는 용궁에 사는 용녀(龍女)인데, 그것이 반짝이고 있어서 용궁에 돌아갈 수가 없습니다." 하고 부탁했습니다. 묘가는 쾌히 승낙하고 물속으로 뛰어 들어가서 그 반짝이는 물건을 집어 올려 보니, 그것은 한치 팔 푼 크기의 관음상이었습니다. 그때부터 그 연못의 이름을 관음 연못이라 부르게 되었다고 합니다. 혹은 그 물건이 쟁기의 끝부분이었다고도 합니다. 용궁의 용녀는 매우 기뻐하며 "이제 드디어 용궁에 돌아갈 수 있게 되었군요. 사례로 무엇이 좋을지 사양하지 말고 말씀하십시오."라고 말했습니다. 묘가가 "그렇다면 천 사람에 해당하는 힘을 주시오."라고 말했더니, 그 자리에서 바로 천 사람분의 힘이 생겨 돌아왔습니다.

그런데 천 사람의 힘이라서 걸을 때마다 길이 무너지고 말았기

1 일본의 옛 지명이다. 대부분이 지금의 와카야마현(和歌山縣)에 속하고 일부는 미에현(三重縣)에 속한다.

때문에 걷기가 난처했습니다. 그래서 다시 한 번 원하는 바를 말하여, 상대방의 힘과 같은 만큼의 힘을 받았습니다. 백 관(貫)의 힘을 지닌 사람이 오면 백관의 힘, 오백 관일 때는 이쪽도 오백 관의 힘이 나와서, 늘 천 사람의 힘을 지니고 있을 때보다 훨씬 편리했습니다. 이 힘은 혈통을 이어서 자손에게도 오랫동안 전해질 수 있었는데, 거기에는 한 가지 조건이 있었습니다. 그것은 절대로 여자에게 물건을 건네서는 안 된다는 것이었습니다. 만약 여자에게 물건을 건넨다면 그 힘이 여자 쪽으로 가고 만다고, 용녀가 엄중히 주의를 주었습니다.

그런데 어느 날 고야산(高野山)[2]에서 된장을 받아서 돌아왔을 때, 무심결에 그것을 아내에게 건네주고 말았습니다. 그 때문에 이제 그 힘은 남자아이에게는 전해지지 않았고 아무런 쓸모가 없게 되었습니다. 그 대신에 이 집에서 태어난 딸들은 모두 대단한 장사였습니다. 이 집에서 며느리를 들인 집에서는 목욕할 때 소나기라도 내리면, 언제라도 그 집 며느리가 목욕통에 들어가 있는 채로 집안으로 옮겨주었다고 합니다.

이 지방에는 게하라의 묘가 장사에 대한 이야기가 지금도 다양하게 전하고 있습니다. 고야산에 있는 고잔지(興山寺) 절에서 지붕을 새로 이을 때였습니다. 큰 들보를 올리기가 힘들어서 몇 백 명이나 되는 사람들이 몰려들어 소란을 피우고 있었습니다. 지나는 길에 그 모습을 보고 있던 묘가가 멜대를 어깨에 메고 우두커니 서서 "허약한 녀석들이 아닌가!" 하고 혼잣말을 했습니다. 이 말을

2 와카야마현(和歌山縣)의 동북부에 위치한 불교 진언종(眞言宗)의 영지이다.

듣고 모두 "그렇다면 당신이 한번 올려 보시오."라고 말하자, 묘가는 "좋다!" 하며 혼자서 그 들보를 어깨에 짊어지고 지붕 위에 올라가서 내려놓고 왔다고 합니다. 모두들 그 괴력에 놀랐지만 한번 더 시험해 보려고, "이봐! 묘가, 들보의 앞뒤가 바뀌었소."라고 말하자, "어, 그래?" 하며 어깨에 짊어지고 휙 하고 한번 돌려서 방향을 바꾸었습니다. 사람들이 이를 보고 "방금 그 말은 실은 거짓말이었소. 부탁이니 원래대로 돌려주시오."라고 말했지만, 이번에는 화를 내며 들어주지 않았습니다. 그래서 기슈(紀州)[3]지역의 고야산에 있는 고잔지의 들보는 지금도 앞과 뒤가 바뀐 상태라고 합니다.

또 다른 사람의 말에 따르면 묘가가 상대방과 같은 만큼의 힘을 얻은 이유는 물밑에 있는 반짝이는 물건을 제거했기 때문이 아니고, 게하라에 있는 우즈와 연못(うずわ淵)의 신이 마나이타 연못(俎淵)에 사는 신에게 편지를 보낼 때, 그 심부름을 한 상으로 힘을 얻었다고도 합니다. 어쨌든 묘가가 그 괴력을 물의 여신으로부터 받은 것이라는 점은 같습니다.

_기이(紀伊)지역 나가군(那賀郡)

[3] 일본의 옛 지명이다. 대부분이 지금의 와카야마현(和歌山縣)에 속하고 일부는 미에현(三重縣)에 속한다.

오이코의 주먹밥

옛날에 오미(近江)[1]지역에 있는 이시바시(石橋)라는 마을에 오이코(大い子)라고 하는 매우 힘이 센 여자가 살았다고 합니다. 어느 해 가뭄이 들자 심술 사나운 마을 사람들이 도랑을 막아서 오이코의 논에는 물을 보내지 않기로 했습니다. 오이코는 이를 가만히 지켜보다가 밤중에 몰래 가서 둘레가 일곱 척이나 되는 커다란 바위를 들고 와서, 도랑의 한가운데에 놓아 물이 흐르지 못하도록 해버렸습니다.

마을사람들은 아침에 일어나 이를 보고 깜짝 놀라 서둘러서 그 돌을 치우려고 했습니다. 하지만 몇몇 사람들의 힘으로는 좀처럼 움직이게 할 수가 없었습니다. 그렇다고 많은 사람들이 모여서 옮기자면 근처 논이 전부 엉망이 되고 맙니다. 그래서 난처해진 마을 사람들은 오이코의 집으로 사죄하러 왔습니다. 마을 사람들은 "이제부터는 얼마든지 이 집 논에 물을 채우도록 하시고, 앞으로는 결코 심술을 부리지 않겠습니다. 그러니 제발 저 돌을 치워 주십시오."라고 간절히 부탁했습니다. 오이코는 "그렇다면…." 하고서 또 밤중에 몰래가서 그 큰 바위를 방해가 되지 않을 곳에 옮겼

1 일본의 옛 지명이다. 지금의 시가현(滋賀縣)이 이에 해당한다.

다고 합니다. 그 바위는 오이코의 수구(水口) 바위라고 해서, 먼 훗날까지 이 마을에 남아 있었다고 합니다.

그리고 또 이 오이코에게 못된 장난을 쳐서 큰 낭패를 본 사람에 관한 이야기도 있습니다. 어느 날 에치젠(越前)지역에서 사에키 우지나가(佐伯氏長)라고 하는 장사가 교토(京都)에 가려고 이 이시바시 마을을 지나게 되었습니다.

이때 그는 젊고 아름다운 여인이 머리에 물통을 이고 강에서 돌아오는 모습을 보게 되었습니다. 장사는 그 여인이 괴력을 지닌 오이코라는 사실은 꿈에도 몰랐기 때문에 여인의 뒤로 다가가 통을 잡고 있는 손의 겨드랑이 밑을 간지럽히려고 했습니다. 그러자 여자는 잠시 웃더니 한쪽 손을 통에서 떼어놓고, 사에키의 손끝을 겨드랑이 밑에 끼워버렸습니다. 사에키가 아무리 손을 빼려고 해도 뺄 수가 없었습니다. 사에키는 어쩔 수 없이 결국 오이코의 집까지 끌려가게 되었습니다.

오이코는 집에 도착하자 겨우 그 손을 풀어주고 "당신은 대체 무슨 일을 하는 사람인가요?" 하고 물었습니다. 사에키는 "실은 에치젠지역에 사는 씨름꾼인데 조정에서 여는 스모세치에(相撲節會)[2]에 부름을 받고, 이제부터 교토로 가는 길이오."라고 대답했습니다. 오이코는 "세상은 넓어서 얼마나 힘센 사람이 다른 지역에서 올라올지 알 수 없지요. 저희 집에 머물면서 수련을 하고 가는 것이 좋을 것입니다."라고 전했습니다. 다행히 스모세치에까지는 아직 충분히 날짜가 있었기 때문에 장사는 그 날부터 삼 주 동안 이

2 나라(奈良)·헤이안(平安)시대에 매년 7월이면 천황이 궁중에서 관람하던 스모대회이다. '세치에(節會)'란 천황이 조정에서 개최하던 주연(酒宴)을 말한다.

오이코의 집에 머물며 수련을 쌓기로 했습니다.

오이코는 매일 밥을 되게 지어서 직접 주먹밥을 만들어 에치젠 지역의 장사에게 먹였습니다. 장사는 처음 일주일 동안 아무리 해도 그 주먹밥을 씹을 수조차 없었습니다. 이 주째가 되자 겨우 주먹밥을 씹을 수는 있게 되고, 삼 주째가 되자 비로소 우적우적 마음대로 먹을 수 있게 되었다고 합니다. 오이코는 "내가 만든 주먹밥을 그 정도로 편하게 먹을 수 있게 되었으니, 이제 괜찮을 것입니다. 빨리 채비를 차려서 떠나도록 하십시오."라고 말했습니다. 사에키 우지나가는 크게 기뻐하며 교토에서 열린 스모세치에에 나갔다고 합니다.

히덴의 오니다유 장사

옛날에 분고(豊後)[1]지역의 히덴(日田)이라는 곳에 오쿠라 나가스에(大藏長季)라는 흔히 오니다유(鬼太夫)라 부르는 씨름꾼이 살았습니다. 그 사람이 힘이 세다는 평판이 점점 높아져서, 나중에 교토(京都)에서 열리는 스모세치에(相撲節會)에 차출되어, 이즈모(出雲)지역에서 온 쇼간자(小冠者)라는 천하장사와 씨름을 겨루게 되었습니다.

오니다유는 어떻게 해서든 이 시합에서 멋지게 이기고 싶었기 때문에 교토로 올라가는 도중에 지쿠젠(筑前)지역에 있는 노송 묘진(老松明神)[2] 신을 모신 신사에 참배를 가서 정성껏 무운(武運)을 빌었습니다. 그 날 밤에 묘진(明神)이 잠든 오니다유의 머리맡에 나타나서 이런 비밀을 가르쳐 주었습니다. "이즈모 쇼간자의 어머니는 일본에서 제일가는 씨름꾼을 낳으려고 아이가 뱃속에 들어 있는 동안 쇳가루만을 먹고 살았지. 그래서 쇼간자의 몸뚱이는 쇠처럼 단단하다네. 그런데 딱 한번 그 어머니가 오이를 먹은 적이 있었네. 그래서 몸에서 한 군데 부드러운 곳이 있지. 그 곳은 이마

1 일본의 옛 지명이다. 지금의 오이타현(大分縣)의 대부분 지역이 이에 해당한다.

2 묘진(明神)이란 인물이나 사물을 신격화하여 부르는 말이다.

가 있는 부근일세."라고 말해주었다는 겁니다. 오니다유는 비밀을 알게 된 덕분에 스모세치에에서 쇼간자의 이마 부근의 부드러운 부분을 밀어 이길 수가 있었습니다. 그런 까닭에 오니다유의 자손들은 노송 묘진을 우지가미(氏神)[3]로 모셨다고 합니다.

3 씨족의 조상신을 의미한다. 혹은 살고 있는 지역의 지역수호신을 의미하기도 한다.

이나즈마 오쿠라 씨름꾼

옛날에 히젠(肥前)[1]지역의 이사하야(諫早)에 사는 이나즈마 오쿠라(稲妻大藏)라는 씨름꾼은 어머니가 핫텐다케(八天岳)[2]의 산신에게 아들을 낳게 해달라고 치성을 드려 태어난 사람이었습니다. 덴구(天狗)[3]가 점지해준 사람이었기 때문에 어떤 상대를 만나더라도 지는 일이 없이 마침내 일본에서 제일가는 씨름꾼이 되었습니다. 그런데 어느 해 씨름대회에서 승부를 겨루기 전에 상대방 씨름꾼이 간절하게 부탁을 하자, 너무 불쌍한 나머지 동정심이 생겨 한 번 승리를 양보라도 말았습니다. 그러자 순식간에 덴구가 이나즈마의 몸에서 떠나가, 그 다음부터 이나즈마는 갑자기 약한 씨름꾼이 되어버렸다고 하는 이야기입니다.

__히젠(肥前)지역 기타다카기군(北高來郡)

---

1 일본의 옛 지명이다. 지금의 사가현(佐賀縣) 일부와 나가사키현(長崎縣) 일부가 이에 해당한다.

2 사가현과 나가사키현의 경계지역에 위치한 산 이름이다.

3 깊은 산속에 산다고 하는 괴물이다. 사람 모습을 하고 있으며, 얼굴이 붉고 코가 길며, 날개가 달려 있다고 한다. 또한 신통력을 지녀서 마음대로 날아다닐 수 있으며 부채를 지니고 있다고 알려졌다. 일본의 설화 속에 자주 등장한다.

힘이 센 기나이

옛날에 가가(加賀)[1]지역의 오스기다니(大杉谷)에 있는 세무네(瀨領)라는 마을에 기나이(喜內)라는 힘이 센 사람이 살고 있었다고 합니다. 그 소문이 멀리 여러 지역까지 퍼져서 어떤 용감한 장사가 일부러 힘겨루기를 하러 왔습니다. 그때 마침 기나이는 길가에 있는 논에서 모내기 준비를 하고 있었습니다. 그 장사가 기나이에게 다가와서 기나이의 집이 어디냐고 물었습니다. 기나이는 재빨리 그가 힘겨루기를 하러 온 사람이란 것을 알아차리고, 한 손에 쟁기가 달린 횡목을 들고, 그 끝에 말을 묶은 채로 손으로 들어올리며 "저기 저 집입니다." 하고, 말과 쟁기로 가리키며 가르쳐 주었다고 합니다. 장사는 그 센 힘에 몹시 놀라워하며 "그러고 보니 당신이 기나이로군요."라고 물었습니다. 기나이는 "아니오. 저는 기나이 댁의 하인입니다."라고 대답했습니다. 그 장사는 "하인조차도 이렇게 말이 묶인 쟁기로 길을 가르쳐 주다니. 하물며 그 주인은 얼마나 힘이 셀까." 하고서, 이미 힘겨루기를 할 용기도 없어져서 허둥지둥 달아나 버렸다고 합니다.

_가가(加賀)지역 노미군(能美郡)

1 일본의 옛 지명이다. 지금의 이시카와현(石川縣) 남부지역이다.

아와지역의 장사와 구마노지역의 장사

옛날 옛날에 아와(阿波)[1]지역에 유명한 장사가 한 사람 살았습니다. 기슈(紀州)지역의 구마노(熊野)에 오소다가와(獺田川)라는 뛰어난 장사가 산다는 말을 듣고, 그를 꺾고 일본에서 제일가는 장사가 되어야겠다고 생각했습니다.

그와 힘겨루기를 하기 위해서 바다를 건너고 산등성이를 넘어, 멀리 구마노에 있는 오소다가와의 집까지 찾아갔습니다. 집에는 나이 든 어머니가 홀로 집을 보고 계셨습니다. 어머니는 "아들놈은 지금 나무를 하러 산에 갔습니다. 머잖아 돌아올 테니 우선 이거라도 쬐십시오." 하면서, 다섯 척이나 되는 화로를 한 손으로 들어 방 입구에다 내어놓았습니다. 아와 장사는 몰래 그 화로를 움직여 보았습니다. 하지만 두 손으로도 도저히 들어올리지 못했습니다. 아와 장사는 "어머니조차 이 정도인데, 아들은 얼마나 힘이 셀까." 하고 놀랐습니다. 그때 무슨 일인지 그 근방이 갑자기 어두워지고 갑작스레 하늘이 컴컴해졌습니다. 실은 이는 구마노 장사가 산채만한 나뭇짐을 지고 산에서 돌아왔기 때문에 근방이 어두워졌던 것입니다. 아와 장사는 '이거 도저히 상대가 안되겠구나.'

1 일본의 옛 지명이다. 지금의 도쿠시마현(德島縣) 지역이다.

하고 생각했지만, 멀리서 명예를 걸고 일부러 왔기 때문에 그냥 돌아 갈 수는 없었습니다.

그래서 두 사람은 에가와(江川)에 있는 야나기가타(柳潟) 해변으로 나가 씨름을 하여 힘을 겨뤘습니다. 아와 장사가 먼저 천으로 된 샅바를 매자, 구마노 장사는 굵은 대나무를 으스러뜨려 그것을 샅바로 삼아 허리에 묶었습니다. 그리고 곧장 아와 장사를 움켜잡고 머리 위로 높이 들어 올리며 "하늘이냐? 땅이냐?" 하고 물었습니다. 아와 장사가 하는 수 없이 땅이라고 대답하자마자 자신은 이미 백사장 모래 속에 깊이 곤두박질 쳐져 있었습니다. 아와 장사는 오소다가와가 살아 있는 동안에는 도저히 자신이 일본에서 제일가는 장사가 될 수 없다고 체념하고, 그 날 밤사이에 몰래 돌아가 버렸다고 합니다. 지금은 그처럼 힘센 장사의 자손이 구마노에 없다고 합니다. 그리고 오소다가와라고 하는 장사의 이름도 왠지 조금은 우스운 것 같습니다.

__기이(紀伊)지역 니시무로군(西牟婁郡)

인왕과 가왕의 힘겨루기

옛날 옛날에 일본의 인왕(仁王)이 있는 곳으로 중국에서 가왕(が王)이 힘겨루기를 하기 위해 왔다고 합니다. 그때 인왕의 부인이 경단을 만들어 대접하자고 하여, 철봉을 잘게 잘라서 경단을 만들고 그 위에 콩가루를 뿌려서 자가시(茶菓子)[1]로 내놓았습니다. 그걸로 가왕을 시험해 보려고 했던 것이었는데, 가왕은 잘 참고 "이거 훌륭한 음식을 대접받는군요." 하며 먹어 버렸습니다. 인왕이 "이 정도라면 형제가 되어 관음보살님의 문지기를 해도 좋다."라고 말하므로, 둘이서 그때부터 문지기가 되었습니다. 그래서 지금도 한쪽의 인왕은 철봉을 들고 서있습니다. 다른 한쪽에서 큰 입을 벌리고 그 철봉을 집어 삼키는 모습을 하고 있는 것이 중국의 가왕이라고 합니다.

---

1 차를 마실 때에 곁들여서 내놓는 과자이다.

단쿠로와 다쿠로

옛날 옛날에 단쿠로(旦九郎)와 다쿠로(田九郎)라는 형제가 살았습니다. 형인 단쿠로는 부자지만 지혜가 부족했고, 동생인 다쿠로는 교활한 주제에 언제나 가난했습니다. 어느 날 동생인 다쿠로의 집에서 찻주전자에 물을 끓이는데 너무 끓어올라서 잠깐 마루방에 내려놓았습니다. 그러자 마침 그 곳으로 형인 단쿠로가 놀러왔습니다.

형은 "어! 이거 신기한 찻주전자로군! 불도 없는 마루방 위에서 부글부글 물이 끓고 있네?"라고 말했습니다. 동생은 "이것은 제가 이번에 손에 넣은 불이 필요 없는 찻주전자 보물입니다."라고 대답했습니다. 그러자 형은 "그럼, 열 냥에 나한테 넘겨주게나."라고 말하고 단쿠로는 서둘러서 그것을 사가지고 돌아갔습니다. 그리고 잘 씻어서 물을 담아 마루방에 두었지만, 아무리 기다려도 물은 끓지 않았습니다. 형은 화가 나서 동생에게 따지러 갔습니다. 그러자 동생은 "그럴 리가 없어요. 아! 혹시 형님이 찻주전자를 씻지는 않았습니까? 예! 씻었어요? 씻어버리면 안돼요. 씻지만 않았어도 물이 끓었을 텐데. 참으로 애석하게 됐군요."라고 말했습니다.

그 다음에는 또 동생이 금화 두 개를 마구간에 아무렇게나 던져

두었습니다. 그러자 또 형이 와서 이를 발견하고,"어! 이 말에서 금화가 나오네?"라고 신기해했습니다. 그러자 동생은 "이 말은 제가 몰래 기르고 있는데 금을 나오게 할 수 있습니다."라고 형을 속였습니다. 형은 자기에게 금 오십 냥에 꼭 팔아달라며 물건값을 치르고 즉시 말을 끌고 갔습니다. 그리고 훌륭한 마구간을 새로 짓고 밖으로 나가지 못하도록 매어 두었습니다.

그러나 아무리 기다려도 금화 따위는 나오지 않았습니다. 형은 "또 나를 속였구나!"라고 매우 화를 내며 곧장 동생이 사는 집으로 따지러 갔습니다. 동생은 "형님 집에서는 혹시 마구간을 새로 짓고 판자 위에서 그 말을 기르고 있지 않습니까? 아, 그랬습니까? 그거 안타깝군요. 그 금을 나오게 하는 말은 판자를 깐 마구간에 매놓아 두면, 금세 보통 말이 되고 맙니다."라고 대답했다고 합니다.

분별력 있는 야소하치

옛날 옛날에 오슈(奥州)[1]지역에 있는 어느 마을에 야소하치(八十八)라는 이름을 가진 남자가 여섯 명 살고 있었습니다. 별명 없이는 누가 누구인지 잘 구분이 안되었습니다. 그래서 한 명은 성품이 거칠므로 사악한 야소하치, 한 명은 도박을 좋아하므로 도박꾼 야소하치, 한 명은 농사를 지으므로 농사꾼 야소하치, 한 명은 쌀장사를 하므로 쌀집 야소하치, 또 한 명은 도둑질을 하므로 도둑 야소하치, 그리고 마지막 한 명의 야소하치는 지혜가 있으므로 사람들이 분별력 있는 야소하치라고 이름을 붙이고 혼동하지 않도록 하고 있었습니다.

그런데 어느 날, 사악한 야소하치가 도박꾼 야소하치와 싸우다가 도박꾼 야소하치를 세게 때렸는데 그만 그가 죽고 말았습니다. 사악한 야소하치는 도박꾼 야소하치를 죽일 마음이 없었으므로 깜짝 놀라서, 고민하다 분별력 있는 야소하치가 있는 곳으로 가서 의논했습니다. 분별력 있는 야소하치는 "그렇다면 그 시체를 농사꾼 야소하치의 논의 물꼬로 가지고 가서, 논두렁에 살짝 웅크려

1 일본의 옛 지명이다. 지금의 후쿠시마현(福島縣), 미야기현(宮城縣), 이와테현(岩手縣), 아오모리현(青森縣)과 아키타현(秋田縣)의 일부가 이에 해당된다.

두거라." 하고 가르쳐 주었습니다.

그 날 밤에 농사꾼 야소하치가 논의 물을 둘러보러 나와 보니, 자기 논의 물꼬에 누군지는 모르지만 웅크리고 있었습니다. 농사꾼 야소하치는 '얄미운 녀석이다. 또 물길을 돌려놓으려고 왔구나.' 하고서 뒤로 가서 몽둥이로 한 번 때리자 쓰러졌습니다. 그런데 그 사람을 자세히 보니 도박꾼 야소하치였습니다. 농사꾼 야소하치는 "당치도 않은 일을 저질렀구나! 어떻게 하면 좋을까?" 하고, 그도 사악한 야소하치와 마찬가지로 분별력 있는 야소하치의 집으로 선물을 들고 의논하러 갔습니다. 분별력 있는 야소하치는 "그렇다면 그 시체를 빈 가마니에 집어넣고 쌀집 야소하치의 창고 앞 쌀가마니의 맨 위에 두고 와라."라고 가르쳐 주었습니다.

그러자 그 다음날 밤에 도둑 야소하치가 쌀집 야소하치의 창고 앞에 놓인 시체를 쌀이라 생각하고 그 가마니를 도둑질해 왔습니다. 집에 돌아와서 가마니를 열어보니, 안에는 도박꾼 야소하치의 시체가 들어 있었기에 몹시 놀라고 말았습니다. '어떻게 하면 좋을까?' 하고 생각에 잠겼다가 역시 분별력 있는 야소하치에게 사례금을 가지고 지혜를 빌리러 갔습니다.

분별력 있는 야소하치는 "그렇다면 오늘밤 늦게 도박꾼 야소하치 집의 앞문을 두드리고, "지금 돌아왔어." 하고 말해보아라. 아내가 화가 나 있으므로, 욕을 퍼붓고서 문을 열어주지 않을 것이 틀림없다. 그러면 죽은 도박꾼 야소하치의 시체를 입구에 있는 우물 안에 던져 놓고 와라."라고 가르쳐 주었습니다. 그래서 도둑 야소하치는 가르쳐준 대로 늦은 밤에 도박꾼 집의 문을 탕탕 두드리고, "여보! 지금 돌아왔어. 문 열어 줘." 하고 지어낸 목소리로 말했습니다. 그러자 집 안에서는 과연 아내가 "지금 돌아와도 소용없어! 당신 같은 사람은 죽는 편이 나아." 하고 크게 소리를 질렀습니다. 그때 도둑 야소하치는 시체를 우물 안에 첨벙 소리가 나도록 던져 넣고 지체 없이 돌아갔습니다. 나중에 아내는 그 소리를 듣고 큰 소동을 피우며 마을 사람들에게 부탁하여 도박꾼 야소하치를 끌어올리도록 했습니다. 그리고 그 모습을 보고는 크게 울었다고 합니다. 분별력 있는 야소하치만 모두에게 사례를 받고 혼자서 재미를 보았습니다.

_리쿠추(陸中)지역 가미헤이군(上閉伊郡)

무명 두 필

옛날에 오월 절구(節句)[1] 전에 며느리와 시어머니가 고가쓰 인형(五月人形)[2]을 상자에서 꺼내놓고 말다툼을 했습니다. "이 인형은 다와라 도타(田原藤太)[3]이다.", "아니, 하치만타로(八幡太郎)[4]야!" 하고 서로 우겨대며 어느 쪽도 지려 하지 않았습니다. 두 사람은 "그렇다면 내일 주지 스님이 계신 곳에 가서 누가 맞는지 알아보자."라고 했습니다. 그날 밤 사이에 시어머니는 몰래 무명 한 필을 가지고 절에 가서 "아무쪼록 제가 이기게 해 주세요."라고 주지 스님께 부탁했습니다.

시어머니가 돌아가자 역시 잠시 뒤 이번에는 며느리 쪽에서도 무명을 가지고 와서 같은 부탁을 했습니다. 다음날 두 사람이 함께 와서 "누가 틀렸는지 주지 스님이라면 아시겠지요?" 하고 물었습니다. 그러자 주지 스님이 웃으면서 "이것은 다와라 도타도 하치만타로도 아닙니다. 이쪽도 무명 한 필(一反の白), 저쪽도 무명

---

1 5월 5일 단오를 말한다.

2 5월 5일 단오에 남자아이를 축하하기 위해서 장식하는 무사 인형이다.

3 헤이안(平安)시대 중기의 호족인 후지와라노 히데사토(藤原秀鄕)의 다른 이름이다.

4 헤이안(平安)시대 후기의 무장인 미나모토노 요시이에(源義家)의 통칭이다. 그가 이와시미즈하치만구(石清水八幡宮)에서 간푸쿠(元服, 오늘날의 성인식)를 한 데서 유래한다. 이와시미즈하치만구는 교토의 하치만시에 위치한 신사이다.

한 필, 즉 '니탄의 시로(仁田の四郎)[5] 거저 얻다(ただとり)'라는 인형이지요." 하고 대답했습니다.

---

5 여기서 '니탄노 시로'에는 두 가지 의미가 있다. 첫째 '니탄'이란 두 필이란 뜻이고, '시로'란 무명이라는 뜻이다. 둘째 니탄노 시로(仁田四郎)라는 역사적 인물을 가리킨다. 니탄노 시로는 닛타 다다쓰네(仁田忠常)의 통칭으로 그는 헤이안시대 말기부터 가마쿠라시대에 걸쳐 활약한 무장이었다. 말하자면 여기서는 일본어의 동음이의어 묘미를 살려서 표현하였다.

말 않기 경쟁

옛날 옛날에 어느 곳에 더없이 떡을 좋아하는 부부가 살았습니다. 떡을 만들어서 실컷 먹고 나중에는 이제 조금 남았습니다. 것은 오늘밤에 말 않기 시합을 해서, 이긴 쪽이 먹기로 하자고 약속했습니다. 그런데 그 날 밤에 공교롭게도 도둑이 들어와서 여기저기 뒤지고 돌아다녔습니다. 부부는 두 사람 모두 그 사실을 잘 알고 있었지만, 말을 하면 져서 떡을 먹을 수가 없기 때문에 참고 있었습니다. 그러자 도둑은 제멋대로 여기저기 어지럽게 뒤지다가, 마지막에는 선반을 뒤져서 떡이 든 나무대접을 갖고 나가려 했습니다. 그것을 보고 있던 부인은 더 이상 참을 수가 없어서 "저것 봐! 도둑이 떡을 갖고 가네요." 하고 크게 소리를 질렀습니다. 지금까지 참고 있던 남편은 겨우 입을 열어, "떡은 이제 내 것이다."라고 큰 소리로 말했고 합니다. 여러분, 도둑이 그 말을 들어주었을까요? 어땠을까요?

오래된 집에서 새는 비

옛날에 어느 비 내리는 밤에 할아버지와 할머니가 잠을 잘 수가 없어서 이야기를 하고 있었습니다. 이들은 "호랑이보다 무서운 것은 '오래된 집에서 새는 비(古屋の漏り)'다."라고 말하고 있었습니다. 그 말을 마침 앞을 지나가던 호랑이가 엿듣고서 "그러면 이 세상에는 나보다 더 무서운 '오래된 집에서 새는 비'라는 것이 있는 모양이다. 이거 방심해선 안 되겠구나."라고 생각했습니다.

그때 마침 이 집에 들어가려던 말 도둑이 호랑이를 말인 줄 착각하고 그 등에 올라탔습니다. 호랑이는 이를 두고 무시무시한 '오래된 집에서 새는 비'에게 붙잡혔다 여기고 호랑이늑대가 쏜살같이 달렸습니다. 그래서 말 도둑은 흔들거리다가 등에서 떨어져 길가에 있는 빈 우물 속으로 빠졌습니다.

그때 원숭이가 와서 "무얼 하고 있느냐?"라고 물었습니다. 호랑이는 "지금 이 우물 속에 '오래된 집에서 새는 비'라는 괴물이 숨어 있다."라고 대답했습니다.

주제넘은 원숭이는 "그런 괴물은 없을 거야. 내가 확인해 보지." 하고서, 꼬리를 빈 우물 속에 넣고 더듬어 보았습니다. 우물 속의 말 도둑이 그것을 꽉 붙잡았습니다. 원숭이도 깜짝 놀라 꼬리를 힘껏 당기려고 하자, 꼬리가 뿌리부터 뚝 끊어져 버렸다고 합니다. 원숭이 꼬리가 짧아진 것은 이 때부터라는 이야기도 있습니다.

기요쿠라의 토끼

옛날 옛날에 기요쿠라(淸藏)가 친구들과 함께 산에 놀러 갔습니다. 그랬더니 풀 속에서 토끼 한 마리가 낮잠을 푹 자고 있었습니다. 친구 중의 한 사람이 "아니, 이런 곳에 토끼가 죽어 있네?"라고 말하자, 기요구라(淸藏)는 즉시 코를 움켜쥐며, "어쩐지 아까부터 지독한 냄새가 난다고 생각했지."라고 했습니다. 그러는 동안에 토끼가 사람의 소리를 듣고 잠에서 깨어나 놀라 달아났습니다. 그 친구가 "뭐야, 낮잠을 자고 있었던 거야?" 하고 깜짝 놀라자, 기요쿠라가 또 입을 열며 "그래서 나도 어쩐지 귀가 움직이는 것 같다고 생각하고 있었어."라고 대답했습니다. 그 다음부터 이처럼 적당히 대충 말하는 사람을 가리켜서 '기요쿠라의 토끼와 같다'라고 비유해서 말하게 되었습니다. 이처럼 우스운 사람에 대한 옛날이야기는 이 밖에도 여러 가지가 많이 있습니다만, 이번에는 그 중에서 서너 개밖에 이야기할 수 없습니다.

비둘기의 엿듣기

옛날에 어느 산속 마을에서 할아버지가 강 건너편 산에 있는 밭에서 일을 하고 있었습니다. 그러자 강 이쪽 편에 있던 할아버지가 "이봐! 오늘은 무엇을 뿌릴 참인가?" 하고 말을 걸었습니다. 이 말에 건너편에 있던 할아버지가 대답은 하지 않고 손짓을 하여 불렀습니다. 강 이쪽 편에 있던 할아버지가 강을 건넌 다음, 밭에서 일하는 할아버지 옆까지 가서 "왜 그러는가?"라고 묻자, 밭에서 일하던 할아버지는 강 건너에서 온 할아버지 귀에 입을 갖다 대고 "나는 콩을 뿌리고 있네."라고 말해 주었습니다. 강을 건너 온 할아버지가 "콩을 뿌리는 것이 무슨 대단한 비밀인가?"라고 묻자, 콩을 뿌리던 할아버지가 "그렇지만 비둘기가 들으면 큰일이니까"라고 말했습니다.

_고즈케(上野)지역 아가쓰마군(吾妻郡)

지팡이 모양의 벌레

옛날에 자토(座頭)[1]가 등에 비파(琵琶)를 짊어지고 어느 산속 마을을 지나고 있었습니다. 그러자 강 건너편 밭에 있던 할아버지가 이쪽 편에 있던 할아버지에게 말을 걸었습니다. "어이! 어이! 저것 좀 보게. 커다란 지팡이 모양의 벌레가 나왔어. 육 년 전에도 저 벌레가 나온 해에는 팥이 잘 됐는데, 올해도 팥이 풍년이겠네 그려."

1 삭발한 맹인으로, 비파·샤미센(三味線)을 연주하며 노래하거나 안마 및 침놓는 일 등을 업으로 삼았다.

목덜미에 이불

옛날에 가난해서 지푸라기를 뒤집어쓰고 자던 사람이 늘 아이들에게 "창피하니까 지푸라기 안에서 잔다고 말하지 마라. 남들 앞에서는 이불이라고 말해." 하고 가르쳐 두었습니다. 그러던 어느 날, 손님으로 간 자리에서 아이가 "아버지! 아버지 목덜미에 이불 잎이 달라 붙어있어요."라고 말했다고 합니다.

아는 체 하는 사람

옛날에 다른 지방에 가서 처음으로 우동을 먹은 사람이 급사아이에게 이 이름이 뭐냐고 가만히 물었습니다. 아이는 자기이름을 묻는 것으로 생각하고 "야지로(彌二郎)입니다."라고 대답했습니다. 그 사람은 그 이름을 잘 기억해 두었습니다. 이번에는 마을 사람들과 읍내에 나갔다가 오는 길에, 말린 우동을 걸쳐놓은 것을 보았습니다. 그러자 곧 같이 온 사람들을 보며 "저것 좀 봐! 생 야지로를 저렇게 말리고 있네. 저것으로 삶은 야지로를 만들어 모두가 함께 먹었으면 좋겠다."라고 말했다고 합니다.

억지로 참기

옛날에 어느 잘난 척하는 무사가 시골 농가에 와서 묵었습니다. 주인이 "오늘밤은 매우 추울 것입니다. 돗자리라도 덮고 주무세요."라고 전하자, "나는 자주 전쟁에 나가서 늘 노숙을 했지만 무엇을 덮고 잔 적이 없소. 그러니 필요 없소." 하고 그냥 잠을 잤습니다. 그런데 밤이 깊어지자 추워서 견디기 어려웠습니다. 그래서 주인을 깨워 "이보시오 주인장, 이 집의 쥐는 발을 씻겼소?" 하고 물었습니다. 주인은 "아니오, 그런 적이 없습니다."라고 대답하자, 무사는 "그래? 그럼 쥐에게 밟히면 옷이 더러워지겠군. 돗자리를 꺼내주시오. 덮어서 막아야겠소."라고 말했다고 합니다.

욕심 많은 노파

옛날 옛날에 어느 곳에 욕심 많은 노파가 살았습니다. 그 노파는 무엇이든 남이 가지고 있는 물건을 보면 "혹시 필요 없으면 나한테 주시오." 하고 받아 갔습니다. 하루는 그 근처에 사는 집에서 고양이가 쥐를 잡아 다 먹고서 꼬리만 남았습니다. 그 꼬리를 버리려던 사람들은 "아무리 욕심 많은 노파라도 이것만은 달라고 하지 않겠지?" 하면서 웃고 있었습니다. 그런데 호랑이도 제 말하면 온다는 속담처럼, 마침 그 노파가 놀러 왔습니다. 노파는 쥐꼬리를 보고서, "혹시 필요 없으면 나한테 주시오."라고 말했습니다. 그 말에는 모두 놀라고 말았습니다. "도대체 할머니는 이걸 어디다 쓰려는 겁니까?" 하고 묻자, 노파는 "예, 가지고 가서 송곳집으로 쓸 생각입니다."라고 대답했다고 합니다.

인색한 사람

옛날 옛날에 남에게 주기를 아까워 하는 두 사람이 이웃해서 살고 있었습니다. 어느 날 한쪽 주인이 이웃으로 심부름꾼을 보내, "못을 박으려고 하는데 염치없지만 잠시 쇠망치를 빌려 주십시오." 라고 말했습니다. 이웃에 사는 주인은 그 심부름꾼에게 "그래, 그 못은 나무못인가 쇠못인가?" 하고 물었습니다. "예, 쇠못을 박습니다."라고 대답하자, 이웃 주인은 고개를 갸웃거리며 "빌려주기는 일도 아닌데, 마침 쇠망치를 다른 곳에 빌려주고 지금 여기에는 없네." 하고 심부름꾼을 돌려보냈습니다. 그 대답을 듣고 심부름꾼을 보낸 주인은 질린 얼굴을 하며, "세상에는 참 인색한 사람도 다 있구나. 나무못인가 쇠못인가를 묻고 나서 쇠못이라는 말을 듣고는 거짓말로 거절을 하다니. 쇠망치에 흠이 생길 것을 염려해서 말을 꾸며대다니 괘씸하군. 그럼 할 수 없다. 우리 집에 있는 쇠망치를 꺼내서 사용하자."라고 했다고 합니다.

도둑질하려는 마음

옛날 옛날에 어느 남자가 눈이 내린 날에 다른 집으로 놀러 갔습니다. 밖이 너무 밝은 탓에 집안으로 들어가자 갑자기 집안이 밤처럼 깜깜했습니다. "아! 깜깜하다, 깜깜해." 하면서 방으로 올라서는데, 입구에서 뭔가 차가운 것을 밟았습니다. 손으로 집어서 보니 작은 손도끼였습니다. 전부터 이런 손도끼를 하나 갖고 싶었던 참이라 나쁜 생각이 들어, '아무도 보지 않겠지?' 하고 그 손도끼를 살며시 품안에 넣었습니다. 그런데 조금 지나자 집안은 그다지 어둡지도 않고, 집안사람들이 자신의 행동을 전부 지켜보고 있었다는 것을 깨달았습니다. '이거 난처하게 됐군. 어쩌면 좋지?' 하고서 안절부절못하며 언제까지고 이야기를 하고 있었습니다. 때마침 누군가 이 집으로 놀러오는 사람이 있었습니다. 그 사람도 들어오자마자 "아! 깜깜하다, 깜깜해." 하는 것이었습니다. 그 말을 들은 손도끼를 도둑질한 남자는 "그럴 땐 좋은 방법이 있으니 가르쳐 주지요. 이 정도로 작은 손도끼를 잠깐 품에 넣고 있으면 곧 밝아집니다. 나도 방금 시험해 봤는데 진짜 그대로 됐어요." 하며 그 손도끼를 방금 온 남자에게 건네주었다고 합니다.

사위의 세상 이야기

옛날에 사위가 처음으로 장인의 집에 갈 때의 이야기입니다. 사위의 친구들이 "가기 전에 미리 무언가 재미있는 세상 이야기를 준비해 두었다가 적당한 때에 꺼내는 것이 좋아. 아무 말도 않고 그저 먹고만 있으면 웃음거리가 될 것이다." 하고 가르쳐 주었습니다. 그래서 그 날은 의례적인 인사가 끝나고, 마침내 밥상이 나오고 술잔치가 시작될 즈음에 사위는 젓가락을 무릎 위에 세워놓고 이런 세상이야기를 했다고 합니다. "장인어른. 장인어른은 두 팔로 껴안아야 할 정도로 큰 도요새를 보신 적이 있습니까?" 장인이 "그런 물건은 여태까지 본 적이 없네."라고 대답했습니다. "그러세요? 저도 아직 본 적이 없습니다." 그걸로 끝입니다.

아래 나라의 지붕

심한 거짓말쟁이의 이야기에도 여러 가지로 신기한 것이 있습니다. 옛날에 어느 마을에서 우물을 팠는데, 아무리 파고 파도 물이 나오지 않았습니다. 그래도 더 파보자 생각하고 매일매일 파내려 갔더니, 마지막에는 검게 그을린 짚이 나왔습니다. 그것을 치우고 다시 파려고 하자, 아래에서 누군가 호통치는 소리가 들렸습니다. "위에 사는 놈들은 무슨 짓을 하는 것이냐? 그것은 내 집 지붕에 덮은 짚이다. 그것을 벗겨서 무얼 하려는 거야?" 하며 몹시 화를 냈다는 이야기가 있지요.

도박꾼의 등천

옛날 옛날에 도박에서 크게 지고 돌아온 못된 사람이 큰 나무 밑에서 혼자서 주사위를 굴리며 "이겼다! 졌다!" 하면서 재미있다는 듯이 놀고 있었습니다. 그런데 그 모습을 보고 있던 덴구(天狗)[1]가 그 주사위를 갖고 싶어 했기에 남자는 덴구가 가진 깃털 부채와 바꾸어 주었습니다.

이 부채로 코를 부채질하면 코가 커지는데 약하게 부치면 조금 커지고 세게 부치면 길게 뻗었습니다. 부채를 뒤집어서 부치면 다시 점점 줄어듭니다. 그 부채를 가지고 부잣집 문 옆에 서 있자, 부잣집 외동딸이 참배하러 가려고 나오는 중이었습니다. 외동딸의 코를 노리고 부채를 세게 부치자 외동딸의 코가 일곱 자나 되어 외동딸은 바깥에 나가지도 못하고 넓은 방에 코를 눕혀놓고 매일 울었습니다. 부자는 만약 딸의 코를 원래대로 해 줄 수 있는 사람이 있다면 사위로 삼겠다고 방을 붙였습니다. 그 남자는 부채를 품에 넣고 사위가 되기 위해 부잣집에 갔습니다. 그리고 조금씩 딸의 코를 작게 해 주었기 때문에 부잣집 사람들이 모두 기뻐했습

1 깊은 산속에 산다고 하는 괴물이다. 사람 모습을 하고 있으며, 얼굴이 붉고 코가 길며, 날개가 달려 있다고 한다. 또한 신통력을 지녀서 마음대로 날아다닐 수 있으며 부채를 지니고 있다고 알려졌다. 일본의 설화 속에 자주 등장한다.

니다.

그러자 의기양양해진 남자는 드러누워서 바람을 쐬고 있다가 깜박 잠이 들어버렸습니다. 잠결에 자신의 코를 부채질하는 동안 코가 점점 길어져 하늘에 닿은 것도 몰랐습니다. 하늘 위에 있는 강(天の川)에서는 그 무렵에 마침 공사를 하고 있었습니다. 다리에 쓸 말뚝이 하나 부족해서 찾고 있을 때, 아래에서 갑자기 막대기가 쑥 올라왔으므로 이거 잘됐다며 밧줄로 묶어서 끝을 조금 비틀어 구부렸습니다. 아파서 정신이 든 부잣집 사위가 당황해서 부채를 뒤집어 열심히 부채질해 보았지만 때는 이미 늦었습니다. 코가 줄어들어 원래대로 되돌아오는 대신에 몸이 다리 말뚝에 끌려가서 하늘로 올라가고 말았습니다. 그래서 지금도 하늘에 있는 강의 바닥에는 도박꾼 한 사람이 있을 터인데, 보통 망원경으로는 그것이 보이지 않는다고 합니다.

하늘 여행

옛날 옛날에 무슨 일이나 운이 좋은 남자가 헤(へ) 글자 모양으로 굽어진 총으로 기러기를 쏘자, 총알이 기러기를 순서대로 꿰뚫고 지나가 몇 천 마리나 되던 기러기가 모두 떨어졌습니다. 이를 남김없이 허리띠 사이에 꽂고서 길을 걷고 있으려니 그 기러기들이 살아났습니다. 기러기들은 높은 하늘을 한없이 날아가서 이 남자를 야마토(大和)지역의 어느 절에 있는 오층탑 위에 남겨두고 가버렸습니다. 이 남자는 어떻게 해서든 내려가고자 위에서 큰 목소리로 구원을 청했습니다. 절이나 마을에서 많은 사람들이 나와, 절에서 가장 큰 보자기 네 귀퉁이를 잡고서 탑 옆에 펼쳤습니다. 그리고 그 보자기 위에 솜을 산처럼 올려놓고, 남자더러 그 위에 가만히 뛰어 내리라고 했습니다. 하나, 둘, 셋 하고 뛰어내리는 기세에 보자기가 주머니처럼 오그라들어 네 귀퉁이를 잡고 있던 스님들이 한데 모여서 박치기를 한 탓에 눈에서 불이 켜졌습니다. 그 불이 솜에 달라붙어서 보자기도 오층탑도, 기러기에 실려서 날아온 남자도 타버렸습니다. 그리하여 이 옛날이야기만이 언제까지고 남아있다고 합니다.

역자 후기

이 책은 일찍이 역자가 번역했던 『일본의 민담』(전남대학교출판부, 2002)의 개정판이다. 개정판을 준비하면서 초판의 일부 오탈자를 바로잡고 문장을 첨삭하였으며 역주 내용을 보충하였다. 그리고 독자의 가독성을 고려하여 원문과는 다르게 단락을 나누었으며 본문 내용을 찾기 편하도록 색인 항목을 새로 추가하였다.

야나기타 구니오의 『일본의 민담(日本の昔話)』은 두 종류의 판본이 존재한다. 처음에 일본의 아르스라는 출판사에서 『日本昔話集(上)』(日本兒童文庫11, 1930)이라는 제목으로 간행되었다. 이어서 제목을 『일본의 민담(日本の昔話)』(春陽堂少年少女文庫, 1934)으로 바꾸어 출판하였으며, 1941년 9월에는 같은 제목으로 미쿠니 서방(三國書房)에서 출판하기도 하였다. 이 판본은 『定本柳田國男集』(第26卷, 筑摩書房, 1969)에도 그대로 수록되었으며, 신조사(新潮社)에서 『일본의 민담(日本の昔話)』(1983)이라는 제목으로 문고판이 출판되기도 하였다. 또 다른 판본은 개정판이다. 야나기타 구니오는 기존의 판본에서 일부 민담을 제외하거나 새로 추가하여 1960년 5월에 가도카와 문고(角川文庫)에서 개정판을 출판하였다. 역자는 이번에 한국어 번역 개정판을 내면서 원본으로 『定本柳田國男集』에 수록된 판본과 신조사의 문고판 『일본의 민담(日本の昔

話)』(1983)을 대조하며 함께 참고하였다.

『일본의 민담』에는 모두 108편에 이르는 주옥같은 일본의 민담이 수록되어 있다. 야나기타 구니오가 저자 서문에서 언급하고 있는 것처럼, 주로 일본 각지에 분포하는 역사적으로 오래된 민담들이 수록되어 있다. 따라서 오늘날 일본의 민담연구에서 중요한 위치를 차지하고 있다. 뿐만 아니라 여기 수록된 민담 중에는 한국의 민담과 유사한 구조와 모티브로 구성된 민담이 적지 않아서, 민담의 한일비교연구를 위한 자료집으로도 주목할 만하다.

저자 야나기타 구니오는 흔히 일본에서 민속학의 창시자로 추앙받는다. 1875년(메이지 8년)에 지금의 효고현(兵庫縣) 간자키군(神崎郡) 후쿠사키정(福崎町)에서 마쓰오카(松岡) 집안의 여섯 번째 아들로 태어나, 1962년(쇼와 37년)에 87세의 나이로 사망하였다. 마쓰오카 집안은 대대로 의사 집안으로 야나기타 구니오의 아버지는 사숙(私塾)에서 한학을 가르치기도 하였고 집안 형편은 그다지 부유한 편이 아니었다고 한다. 그는 1901년 5월에 야나기타(柳田) 집안의 양자로 입적하여, 이때부터 성(姓)을 야나기타로 바꾸게 된다. 양부(養父) 야나기타 나오히라(柳田直平)는 대법원 판사를 역임하였다.

야나기타 구니오가 메이지(明治)시대에 태어나 다이쇼(大正)시대를 거쳐 쇼와(昭和)시대를 살다가 사망했다는 사실은 그의 학문과 사상을 이해하는 데에 상당히 중요한 의미를 지니고 있다고 할 수 있다. 즉 야나기타 구니오는 일본에서 모든 방면에 걸쳐 근대화가

진행되던 격동의 시대를 살아가면서, 자신의 눈앞에서 변화해 가는 세상 모습을 자신의 인생으로 직접 체험했던 것이다.

야나기타 구니오는 1897년에 23세의 나이로 도쿄제국대학 법과대학 정치과에 입학하여 농정학(農政學) 전문가 마쓰자키 구라노스케(松崎藏之助)에게 농정학을 배운다. 동경제국대학에 입학하기 전의 야나기타는 문학, 특히 그 중에서도 일본의 전통시가인 단카(短歌) 쪽에 관심을 갖고 문학잡지에 단카를 투고하기도 하였다. 18세 때에는 단카 시인 마쓰우라 하기쓰보(松浦萩坪)의 문하(門下)로 들어가 본격적으로 단가를 배웠다. 그리고 이 시기에 문학자인 다야마 가타이(田山花袋), 오자키 고요(尾崎紅葉), 구니키다 돗포(國木田獨步) 등과 교류하기 시작한다. 이들 문학자들과의 교류는 그 뒤로도 계속 이어졌다. 흔히 야나기타 구니오의 문체는 학술적으로보다 문학적으로 더 뛰어나다는 평가를 받는데, 이 같은 평가의 배경에는 문학청년으로서의 그의 문학적 재능이 큰 몫을 차지하고 있었다고 볼 수 있다.

야나기타 구니오의 일생에서 빼놓을 수 없는 것이 고급 행정관료로서의 그의 경력이다. 그는 1900년에 대학을 졸업하고 농상무성(農商務省)의 농무국(農務局)에 들어감으로써 행정관료의 길을 걷게 된다. 1910년에는 내각 서기관 기록과장(內閣書記官記錄課長)을 겸임하게 되며, 1913년에는 법제국 서기관을 겸임한다. 1914년에는 귀족원 서기관장이 되어 관사생활을 시작하였고, 1919년에 당시 귀족원 의장이었던 도쿠가와 이에사토(德川家達)와 대립하여 이를 사임하였다. 야나기타 구니오는 관료생활을 하는 동안에 일본

각지를 돌아다니면서 산업조합이나 농회(農會) 등에 관해 순회강연을 실시하였는데, 행정관료 시절에 강연을 위해 일본 각지를 돌아다니며 보고 들은 농촌생활의 실태는 후에 그가 일본의 민속학을 정립해 가는 데에 많은 도움이 되었다.

특히 야나기타 구니오는 행정관료였던 시기에 한국과도 깊은 관계를 맺게 된다. 예를 들어 1910년 8월에 한일합방과 관련한 법제(法制) 작성에 관여하였으며, 그 뒤 1911년 6월에 한일합방에 기여한 공로로 훈오등서보장(勳五等瑞寶章)을 받았다. 당시 야나기타 구니오가 어떤 입장에서 한일합방에 관여했는가에 대해서는 아직 구체적으로 알려지지 않았다. 이 점에 대해서는 한국의 연구자들이 앞으로 많은 관심을 갖고 연구해야 할 과제 중의 하나이다.

이 책이 번역되어 나오기까지는 많은 사람들의 수고가 있었다. 이 책은 역자가 근무하는 전남대학교 일어일문학과에서 1999년 2학기에 학부 과목으로 개설한 <일본문학 번역의 이론과 실제>를 수강했던 학생들과의 공동 성과물이다. 이 과목은 1999년 2학기에 처음 개설되었다. 수업의 절반은 역자가 한일번역 및 일한번역에 필요한 번역이론과 실질적인 문제들에 관해 강의식으로 진행하였다. 그리고 나머지 절반은 학생들에게 실제로 번역한 것을 수업 중에 발표하도록 하였다. 이 때 학생들의 번역 실습을 위한 텍스트로 고른 책이 바로 야나기타 구니오의 『일본의 민담』이었다.

수업 중에 학생들의 발표가 끝나면, 역자와 학생들이 토의과정에서 잘못 번역된 부분을 지적하며 그 자리에서 함께 수정하였다.

말하자면 자연스럽게 1차 교정이 이루어진 셈이다. 발표를 맡은 학생들은 수업 중에 지적 받은 부분을 고쳐서 학기말에 리포트로 제출하였다. 학생들이 제출한 리포트는 일부 학생들과 함께 편집위원회를 구성하여 2차 교정을 보았다. 편집위원회는 3개 팀으로 나뉘어, 미흡한 부분의 보충, 일본어 고유명사의 한글표기 확인, 전체적인 체재의 통일 등과 같은 작업을 하였다. 2차 교정이 끝나고 최종적으로 역자가 3차 교정을 보았다. 3차 교정에서는 한국인 독자가 이해하기 어려운 전문용어나 민속현상에 대한 역주달기, 문체의 통일 등의 작업을 하였다.

이번에 개정판을 준비하면서 1999년 당시 수업에 참여했던 학생들의 얼굴을 자주 떠올렸다. 최종적으로 리포트를 제출하여 번역에 참여했던 학생들의 명단은 다음과 같다. 지금은 다들 어디서 어떻게 지내고 있는지. 그리운 마음을 담아서 한 명 한 명 이들의 이름을 새겨 적는다. 특히 편집위원을 맡아 고생한 김승태, 김신호, 박미옥, 봉정하, 윤미정, 이경이, 이성진, 이재필, 최인향과 개정판 출판의 감회를 함께 하고자 한다. 언제 개정판 출판을 기념하는 조촐한 술자리를 마련하여 이들과 소주잔이라도 부딪치고 싶다.

강수연, 고성남, 공지니, 공현희, 구은혜, 김내완, 김상옥, 김승태, 김신호, 김아람, 김윤실, 김 은, 김재우, 김진선, 김효정, 노명곤, 노순기, 류근석, 류진하, 문향엽, 박미옥, 박성관, 박 진, 박현정, 박혜진, 범선화, 봉정하, 서정이, 서지현, 소미정, 송양미, 송정희, 송현선, 신미희, 신향숙, 오은경, 오주영, 우재협, 윤미정, 윤성원, 윤승희, 윤지은, 이경이, 이동신, 이미지,

이용국, 이윤지, 이은아, 이재필, 이재희, 이현옥, 이혜미, 이희주, 임정민, 임지은, 임현미, 장혜선, 정진희, 조민성, 조석철, 조수영, 조신아, 최기림, 최인향, 한동윤, 한신애, 한주희, 홍보라, 황미진

이 책이 나오도록 도움을 주신 여러분들께 감사드린다. 역자 개인적으로는 개정판을 낸다는 것이 썩 마음 내키는 작업은 아니었고 의외로 집중적으로 작업할 시간이 필요하였다. 마침 2017년에 연구년을 맞이하여 교토에 위치한 국제일본문화연구센터(國際日本文化研究センター)에서 일 년 동안 지내게 되었다. 국제일본문화연구센터에 지내는 동안에 틈틈이 고쳐가다 보니 어느덧 출판에 이르게 되었다.

역자의 오사카대학 유학시절부터 학연이 이어지고 있는 국제일본문화연구센터의 고마쓰 가즈히코(小松和彦) 소장님, 역자를 연구소에 초빙하여 좋은 연구 환경을 제공해주신 일본고전문학 연구자 아라키 히로시(荒木浩) 교수의 후의, 민속학 연구자 야스이 마나미(安井眞奈美) 교수의 우정에 감사드린다. 그리고 학문적 조언을 아끼지 않은 오카야마(岡山)대학의 도쿠나가 세이코(德永誓子) 교수에 대한 고마움도 오래도록 간직해야 할 것 같다. 끝으로 편집과 디자인을 맡아주신 전남대학교출판문화원 편집실 여러분께 머리 숙여 감사드린다.

2018년 새해를 맞이하며 교토에서

김용의

찾아보기

ㄴ

ㅅ

ㅇ

ㅈ

개정판

일본의 민담 日本の昔話

인 쇄 | 2018년 2월 20일
발 행 | 2018년 2월 26일

저 자 | 야나기타 구니오
역 자 | 김용의
발행인 | 정병석
발행처 | 전남대학교출판문화원

등록 | 1981. 5. 21. 제53호
주소 | 61186 광주광역시 북구 용봉로 77
전화 | (062) 530-0571~2 마케팅 530-0573
팩스 | (062) 530-0579
홈페이지 | http://www.cnup.co.kr
이메일 | cnup0571@hanmail.net

값 15,000원

ISBN 978-89-6849-476-5 (03830)

이 도서의 국립중앙도서관 출판예정도서목록(CIP)은
서지정보유통지원시스템 홈페이지(http://seoji.nl.go.kr)와
국가자료공동목록시스템(http://www.nl.go.kr/kolisnet)에서 이용하실 수 있습니다.
(CIP제어번호 : CIP2018004817)